基于关联数据的中文名称规范档语义描述及
数据聚合研究（项目编号：15ATQ004）成果之一

中文科研领域
命名实体知识图谱的
构建与应用

王瑞云 ◎ 著

ZHONGWEN
KEYAN LINGYU
MINGMING SHITI ZHISHI TUPU DE
GOUJIAN YU YINGYONG

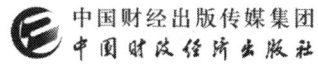

中国财经出版传媒集团
中国财政经济出版社

图书在版编目（CIP）数据

中文科研领域命名实体知识图谱的构建与应用/王瑞云著.—北京：中国财政经济出版社，2018.12
ISBN 978-7-5095-8720-1

Ⅰ.①中… Ⅱ.①王… Ⅲ.①科学研究-命名-语义网络 Ⅳ.①G3②TP18

中国版本图书馆 CIP 数据核字（2018）第 291207 号

责任编辑：张庆杰　陈少波　　　责任印制：刘春年
责任校对：杨瑞琦　　　　　　　封面设计：卜建臣

中国财政经济出版社 出版

URL: http://www.cfeph.cn
E-mail: cfeph@cfeph.cn

（版权所有　翻印必究）

社址：北京市海淀区阜成路甲 28 号　邮政编码：100142
营销中心电话：010-88190406　北京财经书店电话：010-64033436
北京财经印刷厂印装　各地新华书店经销
710×1000 毫米　16 开　12.75 印张　220000 字
2018 年 12 月第 1 版　2018 年 12 月北京第 1 次印刷
定价：58.00 元
ISBN 978-7-5095-8720-1
（图书出现印装问题，本社负责调换）
本社质量投诉电话：010-88190744
反盗版举报热线：88190492　88190446

序

　　互联网促进大数据的迅速发展，国内各级政府机构、科研院所、科研管理机构、大型图书馆、商业机构各自建立巨大的资源库，但是这些资源之间缺少沟通和关联，成为一个个信息孤岛。图书馆领域为了适应全球范围内书目资源共享的需求，遵循一定的名称规范文档的构建原则，对其书目记录检索点名称进行汇集验证的规范控制。中文名称规范控制是国际名称规范控制的重要组成部分，通过对个人名称、家族名称、团体名称等建立规范记录形成规范文档，可以确保标目在检索款目的一致性和稳定性。但是中文名称规范起步较晚，在语义表示和关联方面还落后于国外发展，迫切需要解决规范数据在语义化和关联化中的问题，才能更好地与国际同行建立规范数据的关联知识库。本书第三章针对中文名称规范检索系统结果集中记录数量大而杂乱、冗余的问题，研究将各中文规范档内部和不同规范档的表示同一个人的多条记录进行聚簇的算法，旨在实现将同一个人的多条规范记录集中表示，既方便用户快速准确地检索到人名相关信息，又为未来国内中文个人名称规范档与 VIAF 的关联实现奠定基础。

　　本书在综述分析国内外对规范数据关联和语义网技术基本理论研究的基础上，第三章分析中文名称规范联合库检索系统 CNASS 的检索结果特征和记录的详细内容特点，提出对结果集记录聚簇的思路：强调生卒年属性在匹配中的作用，对于大量记录生年和卒年缺失的问题，尝试性提出从注释和参考数据源字段抽取与个人关联的作品题名序列属性，并根据名称、出生年和作品题名组合识别出描述同一实体的多条记录进行聚簇合并。

第四章采用 FRBR – LRM 框架，用实体—关系—属性方法的 RDF 三元组更准确表示个人与作品的关系，并根据规范记录内嵌的外部 LC 记录号重定向到 VIAF 的聚簇的信息来扩展作品关系信息。在作品关系呈现多倍增加的基础上，构建基于作品关系扩展的中文个人名称规范记录聚簇算法，使用逐步扩展匹配的作品关系集合与其他中文规范记录匹配，提高不同语言格式的记录的作品题名匹配上的可能性，提高聚簇的性能。

上述三、四章的聚簇方法没能有效利用隐藏在标目括号中的简短附加信息，如性别、民族、出生地、学科、行业的混合的社会属性以及隐含在注释文本中除作品题名外的其他社会信息。为了更准确地构建社会属性语义分析，本书第五章参考网络知识库 Wikidata 的类关系，分析个人的重要社会属性—职业属性值隐含的本体关系。从 Wikidata 提取国籍为中国的个人条目，抽取生卒年、职业等属性组成语料库。利用 Wikidata 分类的上下位关系推导有关中国人的职业子集的层次关系。分析语料库中职业的上位关系矩阵的特征，并利用上位关系的可传递性进行推导计算，同时采用了准马尔可夫过程的方法对所有职业的上位分类进行研究，结果表明 Wikidata 职业分类体系不同于传统的严格树型结构，是复杂的网络层次结构，有多个上位结点的结点数量很多。分类体系从多视角对职业类属层次进行划分，而且上层结点即使已属于宽泛概念，由于实例个人处在职业不同的专业化阶段，依然有个人实例进行关联。

本书第六章利用 Wikidata 职业本体的多视角分类关系，分析社会属性中关于职业的分面主题，包括行业、职称等级、学科、学位等级、荣誉头衔等；再加上社会属性的其他方面主题，如性别、民族、出生地、工作机构、作品题名、作品主题等，构造个人的分面主题框架。利用《汉语分类主题词表》《中华人民共和国学科分类与代码简表》和《国民经济行业分类》的主题词和层次关系，构建基于主题模型的个人记录的语义化转换，最大化地丰富个人记录的属性信息，更好地实现中文个人名称规范记录的聚簇，为下一步与 VIAF 的正式关联提供更为丰富规范的语义化信息。

在上述几章研究个人实体知识图谱构建的基础上，本书第七章进行了机构类命名实体的知识图谱构建的探索，从基于名称的机构实体的识别开始，分析现有的参考知识库中的机构的特征，最后提出基于 RDF 三元组表示机构实体知识图谱的构建，包括类定义、类层次关系以及结构类实例构建。

总体来说，本书研究进一步丰富中文命名实体知识图谱的研究内容，首先提出基于实证的语义网环境下的名称规范记录的聚簇算法，为个人名称识别提供了一些解决方案，在一定程度上提高了国内名称规范档的建设质量，促进了国内名称规范档与 VIAF 的关联。并通过与外部知名网络知识库的关联，提高图书馆信息资源在网络时代的利用率，打通各资源机构的信息孤岛，为国内的政府决策支持、科研管理、知识管理提供信息基础设施支持。

目 录

第1章 绪论 ··· 1

1.1 知识图谱与命名实体 ··· 1
1.1.1 知识图谱的概念 ··· 1
1.1.2 命名实体的知识图谱构建 ································· 2
1.1.3 国内外命名实体的知识图谱构建 ······················· 4

1.2 中文网络知识库存在的问题与研究的意义 ················· 7
1.2.1 海量信息与"信息孤岛"的问题 ························ 7
1.2.2 本书的研究意义 ·· 10

1.3 关联数据语义化聚簇研究综述 ······························· 11
1.3.1 虚拟国际规范档VIAF关联数据研究 ················· 11
1.3.2 Wikipedia及其系列项目知识库研究 ················· 14
1.3.3 语义化基础工具的研究 ·································· 17
1.3.4 LDA主题模型 ·· 20

1.4 本书的研究内容和研究路线 ··································· 23

第2章 基础理论 ·· 26

2.1 语义Web的构成 ··· 26
2.1.1 RDF与关系数据库 ·· 27
2.1.2 网络本体语言OWL与本体的构建与应用 ·········· 28
2.1.3 语义推理应用 ··· 30
2.1.4 基于数学关系的本体定义和逻辑公式 ··············· 31

2.2 规范数据和关联数据 ·· 34

2.2.1	规范数据的描述格式	34
2.2.2	规范数据的关联	36
2.2.3	跨语言的一体化关联数据 Wikidata	38

2.3 语义聚簇 ... 40

2.3.1	VIAF 初期项目分析—连接德意志图书馆和美国国会图书馆的规范文档	41
2.3.2	VIAF 周期性关联实践的算法流程及歧义处理	43
2.3.3	VIAF 独立网站服务开通的运营分析	47
2.3.4	VIAF 与 Wikidata 的结合实践与发展趋势	48

2.4 基于主题模型的语义化 ... 49

2.4.1	LDA 输入	50
2.4.2	LDA 的假设	50
2.4.3	LDA 的图形表示与生成模型表示	51
2.4.4	LDA 的参数估计	51
2.4.5	LDA 的新样本推断	52

2.5 异构知识库的实体定义与识别 ... 52

2.5.1	使用 RDF 模式定义知识库的实体、属性及实体间的关系	52
2.5.2	命名实体知识图谱的类层次定义与实例构建	55
2.5.3	中文命名实体的对齐	58
2.5.4	中文命名实体的识别困难	59

2.6 小结 ... 60

第3章 基于个人属性表的中文个人名称规范记录聚簇 ... 61

3.1 名称规范记录与规范控制 ... 61

3.1.1	CNASS 结果集记录未聚簇的问题分析	62
3.1.2	国内学者对名称记录聚簇的研究	64
3.1.3	VIAF 匹配算法的参考	65

3.2 规范记录实体匹配分析 ... 66

3.2.1	CNASS 检索结果集总体特征	67
3.2.2	中文名称规范记录的各级表示方法	67
3.2.3	VIAF 聚簇内详细内容和结构分析	69

3.2.4　不同中文规范数据库的特征比较 …………………………… 71
　　　3.2.5　中文名称规范记录的匹配检索点的构建 ………………………… 72
　3.3　自动聚簇方法与实现 ……………………………………………………… 73
　　　3.3.1　数据库表的构建 …………………………………………………… 73
　　　3.3.2　数据预处理 ………………………………………………………… 75
　　　3.3.3　名称实体匹配和聚簇算法 ………………………………………… 76
　　　3.3.4　聚簇结果分析 ……………………………………………………… 78
　　　3.3.5　聚簇结果与 VIAF 匹配聚簇验证 ………………………………… 78
　3.4　小结 ………………………………………………………………………… 80

第4章　基于作品关系扩展的中文个人名称规范记录聚簇　81

　4.1　名称规范记录的 FRBR 语义化表示 ……………………………………… 81
　4.2　中文个人名称规范记录聚簇的 E-R 分析 ………………………………… 82
　　　4.2.1　中文个人名称规范记录的实体分析 ……………………………… 82
　　　4.2.2　中文个人名称规范记录的实体关系分析 ………………………… 83
　4.3　基于作品关系扩展的中文个人名称规范记录聚簇算法 ………………… 86
　　　4.3.1　基于外部关联记录的作品关系属性扩展 ………………………… 86
　　　4.3.2　基于作品关系扩展的中文个人名称记录识别与聚簇算法 ……… 88
　4.4　中文个人名称规范记录聚簇实验 ………………………………………… 90
　　　4.4.1　实验聚簇结果的评价指标和描述统计分析 ……………………… 90
　　　4.4.2　聚簇的综合效果分析 ……………………………………………… 93
　　　4.4.3　聚簇实验结果分析 ………………………………………………… 94
　4.5　利用虚拟国际规范档的 CCS 记录进行关联扩展 ………………………… 95
　　　4.5.1　CCS 规范记录号能否重定向到 VIAF 聚簇 ……………………… 95
　　　4.5.2　VIAF 聚簇中的 CCS 记录的特征研究 …………………………… 96
　4.6　小结 ………………………………………………………………………… 97

第5章　基于 Wikidata 的个人职业本体构建　99

　5.1　中文名称规范检索系统结果集附加信息识别问题 ……………………… 99
　5.2　Wikidata 个人名称数据的职业表示方法 ………………………………… 101
　5.3　基于准马尔可夫过程的职业层次关系分析 ……………………………… 104

5.3.1　职业条目数据的获取 …………………………………………… 104
　　5.3.2　职业上位关系的矩阵表示与特征研究 ………………………… 106
　　5.3.3　职业上位关系矩阵的准马尔可夫转化 ………………………… 108
　　5.3.4　结果分析 …………………………………………………………… 111
5.4　中文个人职业本体的推导 …………………………………………………… 114
5.5　小结与展望 …………………………………………………………………… 115

第6章　基于主题模型识别的个人名称规范记录聚簇 ………………………… 116

6.1　基于主题模型的记录语义结构化问题 …………………………………… 116
6.2　中文个人名称规范记录的主题模型构建 ………………………………… 117
　　6.2.1　中文个人名称规范记录的主题特征分析 ……………………… 117
　　6.2.2　主题框架构建 ……………………………………………………… 119
　　6.2.3　主题词抽取方法 …………………………………………………… 119
　　6.2.4　基于主题词方法的案例 …………………………………………… 122
6.3　实验和结果分析 ……………………………………………………………… 124
6.4　小结 …………………………………………………………………………… 126

第7章　机构实体知识库构建研究 ………………………………………………… 127

7.1　基于名称的机构识别方法 ………………………………………………… 127
　　7.1.1　名称文本近似度识别 ……………………………………………… 127
　　7.1.2　曾用名表简称表识别 ……………………………………………… 127
　　7.1.3　分段识别 …………………………………………………………… 128
　　7.1.4　总体分支语义关联识别 …………………………………………… 128
7.2　参考知识库的机构 …………………………………………………………… 129
　　7.2.1　中文名称规范数据库的机构查询分析 ………………………… 129
　　7.2.2　虚拟国际规范档的机构 …………………………………………… 129
　　7.2.3　百度百科的机构分析 ……………………………………………… 130
　　7.2.4　维基数据的机构 …………………………………………………… 130
7.3　机构实体的分析与构建 ……………………………………………………… 132
　　7.3.1　机构的概念 ………………………………………………………… 132
　　7.3.2　机构的分类及类层次关系 ………………………………………… 132

7.3.3　机构实例库的初步构建 …………………………………… 133
　　7.3.4　机构库实体结点构建 ……………………………………… 134
　　7.3.5　机构库实例结点与外部知识库的实例等同关系构建 …… 136
7.4　命名实体知识图谱概念层次定义和实例构建 ………………… 137
7.5　小结 ………………………………………………………………… 140

第8章　研究结论、局限与展望 …………………………………… 141

8.1　研究结论 …………………………………………………………… 141
8.2　研究局限与展望 …………………………………………………… 143

附录 A　个人名称检索语料 ………………………………………… 145

附录 B　示例：Amarc3_005.XML 文件内容 ……………………… 156

附录 C　初步收集科研实体机构—总体机构名称表 ……………… 169

附录 D　本书术语的中英文对应表 ………………………………… 174

参考文献 ………………………………………………………………… 178

后记 ……………………………………………………………………… 188

第 1 章

绪 论

1.1 知识图谱与命名实体

1.1.1 知识图谱的概念

根据维基百科（Wikipedia）和百度百科的定义，知识图谱有两种意义的定义。本书研究的是命名实体的知识图谱是语义网知识库意义上的知识图谱，也称知识库或本体（Ontology），另一种是科学知识图谱。

网络本体语言（Web Ontology language，OWL）、资源描述框架（Resource Description Frame，RDF）、语义网查询语言（SPARQL）构成语义网的三个核心标准。本书的知识图谱就采用这些语义网标准及技术构建的命名实体的知识图谱。当前语义网意义上知识图谱著名的是谷歌知识图谱，是谷歌公司 2012 年 5 月 16 日正式提出，很快引起公众的极大关注。作为谷歌搜索引擎的后台知识库，谷歌利用其知识显著地加强谷歌搜索的绩效。知识图谱信息应用在谷歌搜索结果右方的信息框（Infobox）提供给用户。谷歌知识图谱发展基于其自身原有的线上知识数据库 Freebase，启动以来，知识图谱的信息的覆盖量显著增长，短短 3 个月内，增长到最初规模的 3 倍，到 2016 年 5 月，谷歌知识图谱有能力回答大约谷歌每月 100 万问题中的 1/3 个数的问题。

维基数据（Wikidata）定义知识图谱是图（graph）结构化的知识存储库。知识图谱采用图理论，图包含结点和边。结点代表实体（entity）或者概念（concept），例如用户搜索引擎知道的所有事物、人物或者地方，包括地标、名人、城市、球队、建筑、地理特征、电影、天体、艺术作品等等；边代表实体和概念之间的各种语义关系。知识图谱相对于传统的本体和语义网络而言，对命名实体覆盖率更高，语义关系也更加全面。

语义网是为了解决互联网上海量资源的机器理解和自动处理问题。互联网上拥有丰富的资源，但是，大多数的传统资源只能呈现给读者，交由人工理解处理，而机器不理解语义内容，只根据用户输入的检索项，使用关键词的文本匹配检索项，把符合的结果返回浏览器端多媒体丰富美观地显示给用户。人脑计算和处理能力的限制，互联网链接的无序化，使人类面对海量的资源信息而手足无措，无法发现需要的知识。另一方面机器拥有越来越强的计算处理能力，如何利用机器的处理能力帮助人类从海量的数据资源中发现有用的信息呢？如何让机器像人一样理解文本，理解互联网资源呢？这就需要用到语义网的技术，构建基于语义网技术的知识库、知识图谱，使机器可以理解并自动处理互联网的数据资源。而机器自动处理数据资源需要有后台知识库的支持，国外现有很多知识库支持机器对互联网资源的自动处理，而现有知识图谱对中文支持不够，为此，我们需要构建一个海量的中文知识图谱，帮助机器理解处理中文互联网资源。

另外一种意义的知识图谱是科学知识图谱，是对某个学科或领域的知识结构、发展和关系的图谱化表示。科学知识图谱是显示知识发展进程与结构关系的一系列各种不同的图形，用可视化技术描述知识资源及其载体，挖掘、分析、构建、绘制和显示知识及它们之间的相互联系。通过将应用数学、图形学、信息可视化技术、信息科学等学科的理论与方法与计量学引文分析、共现分析等方法结合，并利用可视化的图谱形象地展示学科的核心结构、发展历史、前沿领域以及整体知识架构，形成多学科融合的现代理论，为学科研究提供切实的、有价值的参考。本书的命名实体知识图谱不再具体到每个学科知识的内部结构层次和发展前沿。

1.1.2　命名实体的知识图谱构建

命名实体是知识图谱的图中的结点描述的实体，该类实体都有一个或多个命名性的名称。按照自动内容抽取（Automatic Content Extraction，ACE）评测计划的定义，实体概念在文本中的引用可以有三种形式：命名性指称、名词性指称和代词性指称。例如在下面句子进行实体概念标注。

［［中国］乒乓球男队主教练］［刘国梁］出席了会议，［他］指出了当前工作的重点。

三对［］标注出实体概念"刘国梁"的三个指称项，其中［中国乒乓球男队主教练］是名词性指称，［刘国梁］是命名性指称，［他］是代词性指称，而第一对［］内的［中国］是修饰定义实体概念"刘国梁"的另一个实体概念"中国"的命名性指称，是对名词性指称的修饰限制部分。本书主要讨论与命名性指称相关的研究，命名实体对实体中每个实例实体给出一个唯一名称或标签来进行标识。

围绕命名实体有一系列的研究任务，命名实体的识别、排歧、属性抽取、关系抽取等。其中，命名实体识别任务是识别出文本中实体概念的命名性指称项，并标明其类别（例如人名、地名、机构名、产品名等）；命名实体排歧解决的是一个命名性指称项指称多个实体概念的问题以及多个命名性指称项指称同一个实体概念的问题。命名实体的属性抽取，指的是从网页中抽取出特定实体概念的属性类别和值，例如对于篮球运动员迈克尔·乔丹，抽取出其"出生日期"是"1963年2月17日"，"出生地"是"纽约布鲁克林"，职业是"篮球运动员后卫"等；实体关系检测指的是通过分析网页信息判断两个实体是否存在关系，存在什么类型的关系。欧盟于2008年启动第七框架计划（Seventh Framework Programme）项目OKKAM（http：//www.okkam.org/），旨在研发一系列与实体相关的技术，将现有互联网转化为以实体为核心的网络（Enabling the Web of Entities）。

在维基百科百度百科等网站中，利用信息框（Infoxbox）总结了文章内容所包含的实体属性—值，构建该文章的实体结点并自动抽取出实体的各个属性值。由于谷歌积极推动微格式（microformat）和属性的资源描述框架（Resource Description Framework in attributes，RDFa），国外很多电子商务网站采用RDFa技术将人物、地名、机构名、菜单、评论标记为商业领域的实体，并在源码中采用RDF定义该实体，使得这些属性可以被支持RDFa的机器理解。本书研究的是科研作品有关的个人、机构和作品等正式命名的实体的知识图谱。

1.1.3 国内外命名实体的知识图谱构建

知识图谱是采用网络图的思想表示网络知识库，与语义网领域的本体定义极其近似。知识图谱如同本体包括通用的语义知识图谱和行业专属知识图谱。通用知识图谱包括词网（WordNet）和知网（HowNet）；行业领域知识图谱包括国外的维基媒体基金会（WikiMedia）的维基百科系列（Wikipedia，DBpedia，Wikidata），联机计算机图书馆中心（Online Computer Library Ceneter，OCLC）的运营的虚拟国际规范档（Virtual International Authorial File，VIAF），谷歌知识图谱的基础 Freebase 知识库、关联开放数据云（Open linked Data Cloud，OLDC）等等；国内的包括中文名称规范数据库、百度百科、互动百科等知识库类型的知识图谱。

词网是由美国普林斯顿大学米勒（Geroge A. Miller）教授领导的心理词汇学家和语言专家于 1985 年构建的英语词语的语义词典数据库。词网将众多意义相似或相近的词，组织成同义词集，并在同义词集之间建立指针，表示各种语义关系，包括同义关系、反义关系、上下位关系、整体部分关系、蕴含关系等。WordNet3.0 按词类组织，包含名词 146 312 个、动词 25 047 个、形容词 30 002 个、副词 5 580 个；四个词类都有同义词，共有同义词集合 117 659 个。不同的词类组织方式有一定差别，名词是利用词典中主题的等级层次组织，体现词汇上下位的继承关系，并把同义关系、反义关系和整体部分关系包含进来。词网丰富的词汇资源及网状的语义组织体系使其成为词汇层面的实体，广泛应用于英文的自然语言处理领域，如词义标注、基于概念的信息检索和信息抽取、知识推理、概念建模等方面。后来的知识库研究项目就采用维基百科和词网关联映射的方法建立知识库 YAGO（Yet Another Great Ontology）。本书知识图谱研究的命名实体语义上是名词的一种，研究实体的个体实例的名称标识标签及其属性描述，以及该实例与同类实体的其他实例、其他类型实体之间的多种关系。词网主要应用于英语语言的知识图谱构建，对于中文知识图谱的构建需要借助多语言工具，不能直接应用于中文知识图谱构建。

知网（HowNet）是董振东先生创建的一个以汉语和英语的词语所代表的概念为描述对象的常识知识库（董振东、董强，2008），揭示概念与概念之间以及概念所具有的属性之间的关系。知网的基本单位是义原，知网通过对大约 6 000

个汉字进行考察分析，提取了 2 000 个义原集合，作为描述概念的基本单位。义原大致分为以下几类：事件、实体、属性、属性值、数量、数量值、次要特征等，各个义原之间通过树状结构建立层次关系。知网中每个词汇的定义通过一组义原来表示其语义概念，概念定义第一个位置上的特征，成为类别属性，其他位置上的特征成为附加属性。知网中丰富的词汇语义知识和世界知识，为中文自然语言处理和机器翻译研究提供重要的基础，可以应用到中文语料库的语义标注、敏感信息发现、信息过滤、信息检索、语义网领域。但是知网以义原为单位组织词汇资源，词汇之间的关联通过义原来体现，具有一定的简洁性，使应用具有一定的复杂度，同时又缺乏到其他词典的映射，阻碍了其进一步的推广使用。知网的优点是适应于中文自然语言处理，但是由于中文语料库、基础设施知识库的基础研究的不配套，使知网应用和研究受到限制，很多学者借助英文知识库和多语言工具研究中文的知识图谱构建。

本书研究的命名实体知识图谱的知识语料来源于两个方面，一方面是传统的图书馆领域的名称规范档和书目数据库，另一方面是网络百科全书知识库，如维基百科系列的产品。各方面都基于自身的资源建立大量的各类命名实体的知识图谱。

国家或地区大型图书馆是知识的存储场所，保存大量的经典文献和出版图书、期刊、缩微影像资料，而对这些资料的有效管理将高效地服务读者，提供给读者准确高效的查找检索。联机计算机图书馆中心（OCLC）是发起于美国的一个非营利的协作组织，致力于公益目的—更好地获取全球信息和降低信息获取成本。联机计算机图书馆中心及其成员建立并维护 WorldCat 在线统一目录，条目化整理了 170 个国家或地区 72 000 个图书馆提交的数据库。到 2017 年，WorldCat 共包含了 491 种语言的 4 亿条书目记录，表示 26 亿实物和数字图书馆物品，最后提供了从 WorldCat 挖掘出的超过 1 亿人的个人数据集。这些数据是建立命名实体知识图谱个人名称的重要的信息来源。WorldCat 是数据库类型的书目知识库，主要功能是提供图书馆在线运作和检索服务，领域知识如作者、作品、机构及主题词分类词标注等内嵌于 WorldCat 系统，并在系统的工作流中应用，主要目的并不是提供开放的关联的知识库。

虚拟国际规范档（VIAF）是国际名称规范档的大型聚簇式知识库，是一个由联机计算机图书馆中心（OCLC）运作的多个国家大型图书馆联合服务的项目。该项目由美国国会图书馆（Library of Congress，LC）、德国国家图书馆（German

National Library，DNB）和联机计算机图书馆中心（OCLC）在2003年8月联合发起，2012年4月成为OCLC的在线服务项目，网站为www.viaf.org。该项目的目的是在关联不同的国家规范档（例如德国的名称规范档、美国国会图书馆名称规范档等）到一个虚拟聚簇单一的规范档。在规范档里，来自不同数据集的相同实体记录被关联到一起，一个VIAF记录（簇）获得一个标准的数字编号，并包括来自源记录的主要see链接和see also链接，参考引用的原始规范记录。虚拟国际规范档新的创意是实现关联现存的国家规范档，提供一个通用文件的所有好处，而且还不需要大量的时间和处理花费投资。虚拟国际规范档数据可以在线获取，对研究者、数据交换共享都是可用的。虚拟国际规范档不仅是图书馆领域知识的大型知识库，关联了50多个国家地区图书馆的名称规范档，而且还与维基百科互相关联，维基百科的自开发项目维基数据知识库Wikidata被吸收成为VIAF的一个数据来源。

维基百科是一个多语言的、基于万维网的、自由内容的由维基媒体基金会支持的基于开放编辑内容模式的百科全书项目。维基百科自2001年创建后，很快成长为全球最大的参考网站，2012年9月吸引月访客37 400万位，有71 000位活跃贡献者使用299种语言编辑处理4 700万文章。维基百科搜索结果页面的右面提供了从页面内容中抽取的结构化数据信息框Infobox，可以提供机器理解的元数据。维基媒体基金会利用英文维基百科页面抽取的数据构建了结构化的知识库DBpedia，研究者又把DBpedia与词网的语义结合形成了YAGO知识库。维基百科项目组后续又开发了基于维基百科多语言文档的知识库维基数据，其中除了多语言的维基百科页面抽取的结构化数据外，又增加了大量到其他知识库的外部链接，其中就有到虚拟国际规范档（VIAF）的由VIAF ID构建URI的外部链接，通过多种外部知识库的数据源链接，证明其数据的可靠性和客观性。

谷歌知识图谱是构建中文命名实体知识图谱的一个重要数据来源，只是由于现阶段谷歌各网站信息获取的困难，本书的研究中没有利用这一数据源，而是主要采取了维基数据这个多语言（包括汉语和中文实体）作为本书参考的国外知识库。

国内关于命名实体的数据源主要包括图情领域中文名称规范数据库联合检索系统（Chinese Name Authority Joint DataBase Search System，CNASS），由中国国家图书馆（NLC）、中国高等教育学术保障中心（CALIS）、台湾汉学研究中心（CCS）、香港特别行政区大学图书馆长联席会（JULAC – HKCAN）四家图书馆协作运营，其数据库包含了个人名称、团体名称、会议名称、题名、名称/题名等类的命名实体的信息。其中以个人名称条目为主，CALIS 的部分规范记录中包含到百度百科条目的向外链出关联，JULAC – HKCAN 部分条目包含到美国国会图书馆（可以重定向到虚拟国际规范档 VIAF）规范记录的向外链出关联。另一个方向，维基数据中存在到 CALIS 规范记录的向内链入关联。由于中文名称规范档还处于与虚拟国际规范档的探索中，其规范档数据没有以关联数据的格式发布，规范记录与国外同行的同类产品比较结构化属性关系稀少，很多重要的属性关系缺失，一方面没有正式加入国际同行协作的虚拟国际规范档，另一方面也没有得到国内中文网络知识库百度百科和互动百科的协作和引用关联，使其大量的规范实体信息没有走出图情领域，从而未获得互联网众多新用户的关注应用。

国内网络知识库以百度百科为代表，采用了维基百科的维基技术，在网页上标注大量的个人、机构、书目题名等命名实体，这些网页的多媒体内容丰富翔实生动，并有大量的相关内容链接，但是其信息栏 Infobox 提供的可供机器理解处理的结构化数据项偏少，而在相关内容关联方面偏重商业利益考虑，"肥水不流外人田"，其链接多指向公司内部系列产品，既缺少与国内规范数据权威数据的知识来源引用，也缺少对国际知名知识库的外部关联，降低了其海量数据的可信性和客观性证明。因此需要与中文名称规范机构进行合作，共同提高中文名称知识库的质量和影响力。

1.2　中文网络知识库存在的问题与研究的意义

1.2.1　海量信息与"信息孤岛"的问题

大数据时代，互联网为人们获取信息提供了极大的便利，为全球的所有个人进行知识共享和交流提供了可能和技术支撑。传统的互联网只是简单响应用户的请求并将请求结果的内容采用多媒体的形式在浏览器中呈现给用户，满足用户对多媒体的体验需求。但是用户请求的响应结果只能是用户的人工阅读理解和人脑处理，无法实现机器的理解和自动处理，而人脑对海量数据的处理能力根本没有办法与机器比较。而机器自动处理信息的基础是构建本体或知识库等基础工作，人工构建知识库的工作量极其巨大，又需要借用机器自动化的抽取、匹配来构建本体或知识库，二者之间知识库是基础设施，服务于信息的机器理解处理。机器自动化或半自动化的抽取分析又是构建知识库强有力的工具。当前国内互联网资源内容的机器理解和自动化处理只是局限于一个个机构服务系统的内部设计实现中，例如各机构提供的检索服务，系统可以快速利用其后台的知识库，由系统程序自动化处理完成检索任务，并把结果返回用户。机器自动推理的知识和后台知识库局限于服务系统，各个机构的服务系统形成了互联网一个个的信息孤岛，不同机构的异构信息的不一致冲突以及信息过载问题严重影响了互联网的应用效率。这一切是由于当前互联网在很大程度上只是被动显示各种信息知识，互联网的信息缺乏系统开放的精确的关联组织，也就是说互联网还没有很好语义化关联，语义网首创者伯纳斯·李提出的智慧互联网目标还远没有实现。互联网上包含的大量的知识和事实信息被局限在这些孤岛上，急需有效的方法进行组织关联使之成为一个可以被各类用户高效应用和探索研究的知识网络，解决信息孤岛造成的"信息超载，知识缺乏"问题。[1] 用更加智能的知识网络打通一个个信息孤岛，实现李克强总理对大数据的要求——"让数据多跑路，让百姓少跑腿"。

　　国内商业搜索引擎百度由于资金的成功运营得到快速的发展，构建了百度搜索、百度百科、百度文库等知识共享体系，成为使用中文语言的中国人知识交流和共享的最著名的平台。[2] 百度百科服务在技术上采用了先进的维基技术和关联数据发布格式，具有发布和管理语义化实体数据的技术基础，但是由于近来百度搜索长期对竞价排名的商业模式的过度应用，百度搜索因魏则西事件引发公众强烈不满，使其搜索引擎及百度百科的网络信息的基本要求客观性受到怀疑，可信性崩塌，这些都影响了百度系列知识库的应用。百度公司在事后进行了公关处理和整改，百度搜索结果如果是广告推广在其后面注明广告字样，但是没有对搜索结果的广告条目数进行数量限制和必要的检验，还是会影响用户对其搜索结果的客观性判断。百度百科虽然有海量的实体信息和事实性知识，但是缺乏与外部知识库的关联和可信性证明。采用维基技术的百度知识库与普通的互联网信息一样，存在着一定数量的错误、冗余、虚假或广告信息，而且错误没有办法检测和验证。百度百科知识库需要借鉴图情领域的规范控制，为人们提供可信、可靠的、可用的信息。这可以采取与权威管理机构和公益机构的规范化数据信息关联，提供给用户验证其信息的客观性和准确性。

　　规范数据的权威性能够为可信网络服务提供支持，规范数据控制方法可以从最初图书馆领域延伸到更广阔的互联网领域，可以在知识网络与服务、科研管理网络、甚至社交网络与虚拟社区管理方面发挥重要的作用。规范控制还可以保证语义数据之间的一致性,提高语义网的应用水平。语义网通过数据结构化和语义表征使得分散的数据资源逐渐具备关联化的基础。数据的规范控制和语义关联技术对建立可信的关联的网络知识库有非常重要的作用。

  当前中文名称的规范控制主要包括图书馆领域的名称规范档和规范记录。中文名称规范联合协调委员会(Cooperative Committee for Chinese Name Authority,CCCNA)领导协调国内四家著名图书馆机构建立的中文名称规范档,其继承性承担图书馆领域的国际交流使命和任务,正在规划实现中文名称规范档加入图书馆国际协作的虚拟国际规范档项目。另外对国内建立和中文网络知识库的关联,中国高等教育文献保障管理中心(CALIS)提供的名称规范档记录中包含大量到百度百科的链接,本来希望能在中文规范档加入全球共享的虚拟国际规范档(VIAF)和全球开放关联数据云的活动中提供更丰富的中文本地信息的链接,更好利用中文信息和中文知识库,但由于上述百度的过分商业化追求造成的信任危机,也影响了CALIS对百度百科关联和国内国际的交流应用。[3] 而且CALIS名称规范档的发布方式仅限于系统内部,无法提供基于关联数据技术的数据发布,供其他知识库关联。

  国际上各国图书馆等国家大型公益机构拥有大量的作品信息资源和管理信息元数据资源,成为互联网重要的知识仓库,各重要图书馆在建立自己的知识库的基础上,知识库之间关联共享的需求也日益迫切,用户更加渴望能构建一个全球共享的知识关联网络数据库。全球联机图书馆机构中心(OCLC)、美国国会图书馆(LC)和德意志图书馆(DDB)首倡并领导国际图书馆规范档关联的项目虚拟国际规范档(VIAF),建成关联全球50多个国家和地区图书馆信息的知识库,并成功地向全球用户开放应用。[4] 近年国内中文名称规范档正在积极协作协调加入虚拟国际规范档,但由于国内四大机构的名称规范档协作共享只是物理表层上的合作,内部存在大量冗余记录,各机构之间记录没有关联聚簇,缺少与外部著名知识库的精确关联,使中文名称规范档的关联工作受到影响。[5] 如何实现国内名称规范档加入全球知识关联共享进程,如何对中文名称规范档的记录进行基于语义的结构化转换,实现与虚拟国际规范档和外部重要知识库的关联共享是本书研究的主要问题,也是知识管理领域的一个热门问题。

  国外著名的网络在线机构维基媒体基金会的维基百科是全球著名的知识库,由于其非商业的公益性质,很自然地成为同是公益性质的虚拟国际规范档(VI-

AF）项目跨出图书馆领域的首选的合作伙伴。[6]维基媒体基金会开展大量研究对其知识进行结构化、关联化和语义化，维基百科成为知识管理研究领域最重要的语料库、规模最大的词表以及最大的本体参考，在知识关联和知识库的各个研究领域发挥了重要的作用。维基媒体基金会利用维基百科的丰富数据开发并提供重要的关联数据（DBpedia）和维基数据（Wikidata）供研究者和用户通过多种方式使用，尤其 Wikidata 由于跨语言和结构化语义的特点，其研究成果语义化方法和模型、本体和分类结构是本书第4、5章研究中文名称规范关联的重要参考和对照。利用已有的研究成果，如何运用语义网技术实现中文名称规范档的关联与聚簇成为本书研究的核心问题。本书研究的问题归结如下：

（1）如何实现中文个人名称规范档类似（VIAF）项目的记录聚簇与关联？
（2）如何利用 Wikidata 类关系构建中文人名规范记录属性值的本体信息？
（3）如何应用主题模型方法构建语义更丰富的个人名称规范记录？
（4）如何实现百度百科的知识库的规范控制并且加入到关联开放数据云中？

1.2.2 本书的研究意义

本书旨在对中文科研领域名称规范记录的聚簇关联研究，提高名称实体的识别性。建立中文名称知识库图谱从理论研究和实践两方面都有着重要的意义，归结如下。

理论方面：本书充分利用语义网方法与技术，首先对中文个人名称规范记录进行结构化和语义扩充，增加作品关系属性并提出该属性的提取方法及其在聚簇匹配中的应用，提出在相同名称文本检索结果集内，基于生年、卒年和作品题名序列组合的聚簇方法；接着提出国内名称规范档记录的基于实体属性关系的 RDF 三元组语义化表示方法和基于外部关联到的 VIAF 聚簇进行作品关系扩展后再匹配聚簇的方法；然后利用 WikiData 分类和本体层次关系信息，构建中国人职业子集的本体结构；利用构建的本体框架，初步对职业属性文本进行语义化计算，构建社会属性职业的相关主题组。基于主题模型方法最大化地获取记录的语义化信息方法，极大地丰富了适合中文名称规范数据的聚簇关联研究的理论体系。

实践方面：本书的研究成果有利于促进国内名称规范档与虚拟国际规范档（VIAF）的关联；有利于通过与外部著名网络知识库的关联，提高图书馆信息资源在网络时代的利用率；促进中文名称规范联合协调委员会（CCCNA）各来源机构利用规范数据关联的丰富信息和知识库的海量事实信息，提高国内名称规范档后续新增记录和修订记录的质量的活动，为国内名称规范档工作提出改善建议；图书馆领域还可以扩展关联数据技术到更多的领域，与国内其他资源平台进行关联，建立跨领域的集成知识库，打通各资源机构的信息孤岛，为国内的政府决策支持、科研管理、知识管理提供信息基础设施支持，并进一步为工商业领域的知识本体应用的改进提供参考借鉴。

1.3 关联数据语义化聚簇研究综述

国外对关联数据语义化聚簇的研究，一般都是一些大型公益机构支持的项目研究，产生了一系列标准和研究框架，大量的研究成果很快在互联网开放应用，并与用户形成互动，得到用户大量的反馈，并进行升级和及时动态更新。主要包括 W3C 的语义网络技术、联机计算机图书馆中心（OCLC）的 VIAF 项目，维基基金会利用其全球最大的网络百科全书的丰富资源维基百科 Wikipedia 进行一系列的项目，包括开放关联数据云（OLDC）中规模最大的关联数据集 DBpedia 和集成多语言的单一跨语言知识库 WikiData。国内的研究主要跟随国外前沿研究，具体针对中文名称规范档的关联和共享。下面以本书的研究脉络线索综述国外和国内的研究工作和成果。

1.3.1 虚拟国际规范档 VIAF 关联数据研究

联机计算机图书馆中心（OCLC）提出并倡议了虚拟国际规范文档（VIAF）项目，对全球重要的图书馆的规范档数据进行关联，现在虚拟国际规范档本身也成为开放关联数据云的重要来源之一，并且正式独立运营在线检索平台供全球用户开放使用。虚拟国际规范档 VIAF 定期从各来源库收集名称规范档和书目记录，并对其进行运行名称匹配算法，集成更新到虚拟国际规范档 VIAF 中。

匹配算法对虚拟国际规范档（VIAF）的关联质量有至关重要的影响，本书第 2 章对其关联算法进行了系统的分析研究，试图借鉴其匹配算法进行中文名称实体的匹配关联和聚簇。联机计算机图书馆中心（OCLC）许多专家对 VIAF 匹配算法进行研究和实验。研究员贝内特等（Bennett，2006）报告了虚拟国际规范文档初期实验项目—连接德意志图书馆和美国国会图书馆的规范文档，给出基于增强型规范记录的所有信息的匹配算法，对各匹配点按区别强度进行最强、中间强度、最弱的分级和赋值，最后对该匹配算法的精确度和系统错误进行评估，证明自动化关联不同国家图书馆的规范文档的可行性，最后提出进一步扩展研究需要考虑非罗马字符信息的匹配算法，而这有可能是匹配的一个难点。

木村美子（Maiko Kimura，2014）研究象形表意文字的规范数据关联问题，比较非罗马文字国家（日本、韩国、中国包括香港和台湾地区）和美国国会图书馆（LC）在日语个人名称和机构名称规范数据的表示的差别，识别影响规范数据共享绩效的差异因素，通过 Email 调查和与重要机构领导成员深入面谈的方法，发现 5 个方面问题：中文和韩国数据集有日语汉字和汉语汉字的混合标目，少数标目机构的日语汉字给出相应的读音，有些机构没有采用强制的罗马化名字，且不同机构的罗马化名称不同，一些机构采用本地语言译名表示，有些平假名格式的名称没有与本地语言译名关联而在检索中没有被检出。探索进一步加强日语名称的规范化和关联的方法。

希基和托维斯（Hickey & Toves，2014）给出了虚拟名称规范档（VIAF）使用最新的名称匹配的详细算法，以及算法的每一步中可能带入歧义的情况并给出解决歧义的方案。[9]其算法步骤为按月收割各机构规范数据与书目数据，把规范记录与相应的书目记录连接；把原记录中隐含连接显式表示；建立两种记录经过强化处理后的记录，供后续匹配使用；对处理后的记录，初步把姓氏名称相同记录归结到粗糙的大集合，在单个规范档归并复制内容的记录为一个结点，对粗糙集内的记录根据字面意思比较匹配和相关引用建立各种不同类型及强度的成对连接，成对连接建立的网络图体积太大，只保留各记录到一个规范档的一个最强连接，去掉其他弱连接。再用网络图方法处理，查找有 3 个及更多个节点的完全连接图并为一个单元，在各单元（包括离散节点自身单元）之间，根据算法给连接计算赋值，对超过阈值的连接的单元间建立连接，赋值方法和阈值 VIAF 根据实践经验进行更新和算法升级，最后为各连接图建立一个 VIAF 聚簇，分配唯一的簇号。

虚拟国际规范档（VIAF）在匹配关联工作中本身不建立新的信息，只收集并关联其来源机构的记录，其关联内容随着来源机构记录内容的更新和算法的升级而改变。VIAF 的关联数据集如同数据库中对基本表数据处理而导出的虚表，不能直接修改编辑，体现了名称中的虚拟（Virtual）的含义，称为虚拟国际规范档。

克莱恩和基里奥斯（Klein & Kyrios，2013）研究虚拟国际规范档（VIAF）规范数据与维基百科 Wikipedia 个人传记文章的集成。[10]两个知识库的关联为图书馆在更加开放的网络平台上显示其传统的书目数据和规范数据知识库提供了机会，其后对虚拟国际规范档访问的网络流量的变化显著，证明与维基百科关联提高了虚拟国际规范档的网络访问量和用户使用绩效。尤其维基百科的研究项目跨语言单一版本维基数据（Wikidata）知识库的推出并与虚拟国际规范档关联，创造虚拟国际规范档数据与维基百科 Wikipedia 数据深入比较分析的机会，论文给出一个采用虚拟国际规范档和维基百科 Wikipedia 数据研究性别不平衡问题的案例，探索将维基百科 Wikipedia 的分类方案集成到虚拟国际规范档数据的可能性。

国内图情领域随着国家图书馆顾犇老师翻译引进 OCLC 研究员贝内特（2006）关于虚拟国际规范文档初期项目—连接德意志图书馆和美国国会图书馆的规范文档的关联机制的研究报告后，众多学者对中文规范数据和书目数据的关联共享进行研究。郝嘉树、王广平（2012）讨论网络环境下规范控制的重要性，分析国内中文人名规范应用与国外的差距，通过与中国机读格式的对照，建立中文人名规范数据语义描述基础词汇集，分析关联集成的思路。[11]本书研究在此元数据词汇集的基础上，进一步深入分析实际的下载数据，增加从备注信息 300 字段、830 字段以及参考数据来源 810 字段信息抽取责任作品信息，为个人规范名称识别提供了非常重要的强区别信息。

刘炜、胡小菁、钱国富等（2012）从国内资源描述与检索（Resource Description and Access，RDA）编目实践的角度，研究新一代图书编目规则 RDA 与前一个版本英美编目条例（第 2 版）（Anglo-American Cataloguing Rules 2，AACR2）比较在数据语义化方面优势，RDA 首先区分书目对象相关实体，再确定实体的属性，以及实体属性取值等要素之间的关系；[12]认为 RDA 基于概念模型的描述比较适合利用语义网技术实现，将 RDA 编目的书目数据以关联数据发布，以 RDA 编目的书目数据的普遍关联将很快实现。虞为、陈俊鹏（2013）提出基于映射规约 MapReduce 的书目数据关联匹配架构，利用元数据对象描述模型（Metadata Object Description Schema，MODS）本体将机读编目格式标准（MAchine-Readable Cataloging，MARC）格式转换到关联数据格式，应用分布式编程模型编程算法映射规约方法进行关联数据匹配，为图书馆知识发现和语义检索服务提供语义数据支持。[13]

贾君枝、石燕青（2014）研究名称规范档的编目规则、描述格式和数据元素构成的差异，基于虚拟国际规范文档（VIAF）的匹配思路，分析国内规范文档存在的问题：名称规范文档检索结果输出不按相关度排列，国内各机构的拼音标目不规范等，并提出相应对策，以提高规范文档共享效率。本书第3章研究在该论文研究基础上，进一步提出名称规范记录基于个人实体的识别和聚簇，为中文名称规范档加入 VIAF 关联数据提供更好的支持。

为了有效实现规范数据的关联，很多学者对中文名称规范档的中文机读编目（China Machine-Readable Catalogue，CNMARC）格式进行语义化描述分析，对不同数据格式的比较与映射关联展开研究。李燕、杜薇薇、郭华等（2014）对英美 MARC21 元数据与 CNMARC 元数据的进行比较分析；[15]贾君枝、白林林（2015）研究关联数据中 CNMARC 到 MARC21 的映射的实现；[16]张鹏图（2015）利用大英图书馆书目数据的进行关联化分析。[17]

贾君枝、石燕青（2016）提出人名规范语义描述模型，研究如何把国家图书馆的中国个人名称数据发布为关联数据的问题。[18]以 Drupal 为工具，按照关联数据发布步骤，首先将 MARC 格式的人名规范数据转化为 RDF 格式，并与外部资源进行连接，期望能使名称规范数据成为关联开放社区的一部分。

本书基于上述研究成果，着力解决上述个人名称记录建立关联过程中的名称匹配问题，更准确对各规范档之间记录描述的个人进行识别聚簇，以建立正确关联。曹宁、仲岩早在2006年就研究了中国个人名称标目的区分，从人口统计角度的中国人的姓氏和取名特点分析得到中国个人名称标目区分问题更复杂和困难，提出通过标目附加成分选取标准的控制原则、附加成分类型的划分和属性分析等方法，将文献计量学概念引入规范控制研究领域，更好地实施规范控制。[19]贾君枝、石燕青、李婷婷（2014）对中国现代人名的附加信息进行分析，初步提出了通过规范的中文分类主题词表、行业表、专业表应用，提高附加信息标注规范性的思想，以提高中文人名规范数据的质量，但没有深入讨论如何应用的方法。[20]

1.3.2 Wikipedia 及其系列项目知识库研究

由于中文名称规范档及其关联标杆 VIAF，没有关于本体类的上下位结构和同义词的语义关系定义，所以需要借助 Wikipedia 及其系列项目知识库的本体类目知识，更好表示规范档记录的属性值的语义信息。而且 VIAF 和 Wikipedia 的收录数据的侧重不同，Wikipedia 侧重于个人传记和热点事件，可以补充规范数据和 VIAF 的个人及其属性关系信息。Wikipedia 是全球规模最大的在线百科全书知识库，其主导的一系列研究项目都成为全球网络知识库的重要成果。大量学者对 Wikipedia 的结构、分类体系进行研究。更多的学者利用 Wikipedia 的丰富知识作为研究数据来源，将其集成到各自不同的领域内进行研究，研究持续时间从 Wikipedia 的推出一直延续到现在，研究成果最为丰富。

列兹尼克和沙塔洛夫（Reznik & Shatalov，2016）分析 Wikipedia 的个人传记数据，研究个人活动领域属性时间序列和重要事件相关的变化特征，分析与人物活动年关联的传记页面数的时间依赖，显示对数维度的线性折断趋势，以人物活动年分组统计页面数的增长梯度在 1700 年从 0.006 突变到 0.008，这一改变映射了 1700 年左右发生的有关书籍印刷和报纸的新信息传播方式出现的历史事件。[21]研究又把具体个人的活动领域划分 9 个 Wikipedia 类别，每个类别的时间依赖属性显示了人类兴趣和属性的变革，为了研究方便把 9 个类别合并为两大类，即个人和公众，引入指标个人/公众比率。该指标在整体历史时期基本上是常数，但到 20 世纪末，突然出现跳跃，个人大类中的体育和艺术类增长在 10 年内达到 8 倍，反映了 20 世纪末体育尤其足球运动的普及流行事件。

德国马克斯普朗克计算机科学研究所的苏查内克、卡斯内西和维库姆 Suchanek & Weikum，2009）利用 WordNet 和 Wikipedia 联合开发一个轻量集的、可扩展本体 YAGO，本体构建在实体关系的基础上，其关系包括 IsA 层级关系和其他如获奖等的非分类的 fact 关系。[22] YAGO 超越 WordNet 的最重要的是在质的方面的超越，为 WordNet 增加个人和机构等个体信息（而 WordNet 本身反映普遍的广泛词义知识，缺乏个体信息）及个体间的语义关系，并且从数量也使 WordNet 提高了一个数量级。随后，苏查内克和霍夫特（Suchanek & Hoffart，2009）等人在 YAGO 本体的基础上开发 YAGO2，[23]联合 WordNet、GeoName 和 Wikipedia 知识，探索时间、空间、上下文环境和多语言方面的世界知识；后来苏查内克与其他学者合作（Mahdisoltani & Biega 2015）研究 Wikipedia 多语言的基础上开发 YAGO3，使用了分类、Infobox 和 Wikidata，学习跨语言的 Infobox 属性的意义，在 10 多种语言运行其方法，得到属性匹配的准确度为 95%～100%，为 YAGO 扩充 100 万的实体和 700 万的事实。[24]

梅德兰、米尔恩和莱格（Medelyan & Milne，Legg；2009）综述研究 Wikipedia 应用，分析 Wikipedia 的组成结构，包括文章、去岐页面、重定向、超链接、分类体系、模板、Infobox、讨论页面和编辑历史等及各结构的特点，探索 Wikipedia 作为百科全书、语料库、词表、数据库、本体和网络结构的前景透视，综述在 Wikipedia 中对概念、关系、事实和描述的抽取和应用研究，并把这些研究归入到 4 个大类：Wikipedia 应用到自然语言处理、信息检索、信息抽取以及作为构建本体的资源。认为 Wikipedia 可以作为词表、本体等方面的应用，例如通过挖掘去岐页面，重定向、挖掘描述段构建同义词集使 Wikipedia 改编为比 WordNet 规模更大的、意义更丰富的词表。[25]

范兰德和克吕茨奇（Vrandečic & Krötzsch，2014）研究提出 Wikidata 是 Wikipedia 发展中的一个巨变，Wikipedia 是一个在科学、技术、文化各领域具有众多应用的具有重大价值的资源库，包含结构化数据、各种类型如家族树、种族分类的关系。[26]Wikidata 旨在创建新的方法克服 Wikipedia 中的不一致，以全局视角管理 Wikipedia 的数据，净化 Wikipedia 数据，并将其集成到一个单一的跨语言知识库，提供了许多新应用开展的机会。Wikidata 新方法具有更先进的特征：开放编辑、质量控制、多元化观点、包含各种来源的二手数据、多语言数据、容易访问、持续改变等。

伊斯梅洛夫、康托科斯塔斯和奥尔等人（Ismayilov & Kontokostas，Auer；2015）研究比较 Wikidata 与 DBpedia，分析认为 DBpedia 是最有前途、最好的关联开放数据云节点，它提供 100 多个 Wikipedia 语言版本的结构化数据，拥有成熟的本体和稳定的关联数据发布周期；[27]而 Wikidata 是一个新出现并允许用户完善的、来源于 Wikipedia 中抽取的结构化数据集。研究如何把新的 Wikidata 数据集成到 DBpedia 的生态圈，用 Wikidata 中结构化数据丰富 DBpedia，为大量的跨语言使用情境提供附加增值。研究详细地给出两个数据集间的结构映射方法和转换过程算法，并分析综述两个数据集集成后的增值应用。

国内大量用户使用 Wikipedea 进行信息检索应用，很多学者利用 Wikipedia 及其系列知识库 Wikidata 作为研究的基础语料库和本体参考。倪子建和荣莉莉等（2013）研究维基百科内容知识本体的演化，提出超网络的模型描述维基内容本体。[28]以维基的知识本体 YAGO 为数据源，构建维基内容本体的超网络，对维基内容本体超网络的演化模式进行解析和数值模拟，验证了以增长和择优为原则的维基内容本体超网络演化模式。

刘晓亮（2014）提出基于维基语义图的词语语义相关度算法 P3R（Penalized -

Personalized PageRank）算法，构建维基多关系语义图将不同语义特征融合在一个完整的图结构框架内。[29]P3R 算法强调相关关系的相对性，能够减小典型随机游走模型 PPR 马太效应对相关度计算产生的影响。

贾君枝和李艳（2013）研究两种主要的中文百科领域代表中文维基百科和百度百科，从类目体系、类名及条目等角度研究两个分类系统的差异，帮助用户选择适合具体应用的百科系统。[2]

贾君枝和薛秋红（2015）研究利用维基百科条目信息补充中文名称规范档信息，利用 Wikipedia 接口 Media Wiki API 实现从名称规范档到 Wikipedia 的链接，应用 Wikipedia 个人传记动态生成个人简介，为名称规范档提供必要的信息来源。[30]集成 Wikipedea 的资源可以帮助中文名称规范档信息的完善，有助于个人名称的识别检索及关联。

贾君枝和薛秋红（2016）对 Wikipedea 的新项目结构化的跨语言单一知识库 Wikidata 的数据特点，获取方式及应用进行分析。[31]提出 Wikidata 具有开放、协作、多语言、结构化的特点。以条目为核心，定义了实体类和属性，并提供多样化的数据获取方式，尤其允许用户采用 SPARQL 语言定制个性化的检索集并批量下载所需要的数据集，Wikidata 为语义检索，多语种查询、知识可视化、知识库构建提供了重要的参考。

Wikipedia 这个最大的在线百科全书数据库是研究者研究词表和本体知识库的最大规模的本体和富含价值的世界知识宝库，关联开放数据（LOD）云图中最大的关联数据集 DBpedia 就是从维基百科的信息盒和页面分类中提取数据，借由资源描述框架技术创建的多领域知识本体，但可惜的是 DBpedia 只包含英文维基百科数据，没有中文维基百科数据，Wikidata 弥补了这一缺陷，Wikidata 的多语言标签为中国人研究和交流关联中文内容提供了便利。

本书第 5 章基于上述对 Wikipedia 系列知识库的研究，利用 Wikidata 提供 SPARQL 数据获取方式下载国籍为 Wikidata 数据集国籍属性为中国人的条目，抽取职业、生卒时间等属性结果数据集作为基础语料库，构建中国人职业的层次结构本体。

1.3.3 语义化基础工具的研究

国外的语义化工具词表和本体比较丰富，大多数在语义 Web 研究方面有重大影响,被很多中外语义网和知识管理研究参考。从 20 世纪 50 年代就开始开发叙词表,并利用叙词表作为基础开发本体,很多学者研究将叙词表升级转化为本体。

国外著名的叙词表有美国国会主题词标题表 LCSH、医学主题词表 MeSH、联合国粮农组织的农业叙词表 Agrovoc、艺术和建筑叙词表 AAT、语义网方面的系列词表都柏林核心词汇集 DC、简单知识组织系统 SKOS 词表、表示人物关系的 FOAF 词表以及最新的 Schema. org 词表等。本体有通用本体和专业领域本体两大类,通用本体包括美国加州大学伯克利分校的 FrameNet 框架本体、IEEE 标准上层知识工作小组建制的建议上层共用知识本体 SUMO、通用词表本体 WordNet 和基于 Wikipedia 数据的 YAGO 本体;专业领域本体如生物医学的 Protégé 本体、音乐本体 MusicBrainz、地理名词 GeoNames 本体。

瓜里诺、奥伯尔和施塔布(Guarino & Oberle,Staab;2009)给出了人工智能领域的本体概念,澄清关于本体、概念化和本体认同的多个概念的含义,从数学和逻辑推理公理体系的角度给出本体的一系列定义,外延关系结构、世界、内涵概念关系、内涵关系结构(概念化)、意愿模型和本体。[78]

斯坦福大学的诺伊(Noy,2006)等人提出现代协作环境下的本体演化开发框架,以作者从事的生物医学的 Protégé 本体和 NCI 的生物信息中心的叙词表版本发展为核心案例,对机构多用户协同开发的本题的维护和开发及功能需求演化的不同情境进行分析和分类,开发综合平台满足大多数本体开发和功能需求演化,提出作为开放源的 Protégé 本体插件的实现方案。[79] 劳瑟(Lauser,2004)研究用手工校准方法将食品安全领域的叙词表转换为本体的方法。[80] 拉卡斯塔、诺格拉斯和扎拉扎加索里亚(Lacasta & Nogueras·Iso,Zarazaga·Soria;2010)则采用自动校准方法研究术语的本体化设计、管理和应用,给出一个术语本体的表示框架。[81]

在知识管理和图情领域,费希尔(Fischer,1998)在第五届国际 ISKO 会议上讨论叙词表到本体转换的指导原则,认为叙词表包含从文本检索角度可以忽略的层次关系与泛化、部分、实例的差别,然而,作为大范围知识表示的语料库的本体是基于更深的逻辑差别。[82] 当叙词表被用作事实描述基于事实的推理,instance of 关系需要重新考虑,因为可能包含需要区别的概念和元概念。在 Cyc 顶层本体和 WordNet 叙词表的本体化可以归到这一方面的前景。

拉卡斯塔后来和其他学者(2013)提出传统的基于受控词表中概念和简单知

识模型的资源分类的语义局限,认为受控词表虽然可以扩展检索术语,但在逻辑推理上能力有限,这阻碍了对书目数据库检索和浏览的用户使用绩效。[37]提出利用中介 WordNet,用一个上层本体语言与认知工程的描述本体 DOCLE 对准的方法把知识模型转变到领域本体,进行书目数据库语义的丰富过程。

国内对本体、知识库和词表的研究主要聚集在图书情报领域和知识管理领域。贾君枝等人研究汉语框架网络本体,从语义 Web 的发展脉络,参照美国加利福尼亚大学伯克利分校计算机词典编撰工程 FrameNet 构建汉语框架网络本体,从本体构建方法及其在法律领域的构建实践综合研究汉语框架本体的构建、管理、设计与实现以及与外部本体的集成。[23] 2007 年,贾君枝与郭丹丹等参照 FrameNet 本体,以法律专业人员参与为核心,收集法律文本语料,进行法律专业核心概念词的抽取及概念之间的关系分析,形成法律框架网络本体模型,并基于本体构建工具 Protégé 进行形式化描述,定义类、属性及公理体系,通过 Raceepro 工具推理验证描述的一致性和分类的合理性;[24]在 2008 年,研究将汉语网络框架与 VerbNet、WordNet 集成,解决汉语网络框架在词汇覆盖面及语义分析和推理中的不足;[25] 2009 年又与郭丹丹等研究了从法律框架网络数据库到 OWL 本体的转换,运用 Jena 本体子系统功能,创建设计类、属性和限制信息,通过 SQL 数据库语言将数据表中的信息自动填充到本体模板中,实现了法律框架网络数据库到本体语言的 OWL 的自动转换。[26]

邱均平等(2012)从文献计量学的角度出发,进一步提出了计量本体的新型概念,利用计量分析方法对数字资源中的语义概念及其关联属性进行分析和抽取,进行明确的概念化定义与规范说明,再采用形式化的处理和展示方式对资源中概念化的实体计量本体进行显性的描述。[27]计量本体从两方面加强了传统本体:其一,从层次结构演变为网络结构。层次结构对概念从抽象到具体划分,结构清晰,有利于知识分类,网状拓扑结构概念实例之间的关系更加紧密,适用于知识挖掘和知识关联(在 Wikidata 分类层次本体)。其二,计量本体增加关系强度的概念,从传统本体的关系是否存在改进为关系的量化强度,有利于提高知识挖掘的正确率和准确率。随后(2014)研究中给出新型数字文献资源方面语义化计量本体的定义,基于计量分析的数字资源内概念化显示,并对其概念与原理、组成要素与理论框架以及构建流程进行详细解释,深刻阐述这一与传统领域本体迥然不同的新型概念的理论内涵。[28]毕强、韩毅等(2009)研究数字图书馆基于语义网格环境下的元数据本体的互操作问题。[29]洪娜、张健等(2014)在领域本体的基础上利用有向带权图重新组织概念关系,划分为不同的知识包,构建面向工艺流程的专业领域知识库。[30]

贾君枝(2008)利用简单知识组织(SKOS)强有力的知识组织表达能力,具有简单机器理解方式,为叙词表提供概念、模型的形式化表达。[31]探索叙词表之间、叙词表与本体的可能的映射方法,使叙词表在词义检索和用户检索请求的本体化得到更好的应用。贾君枝(2010)研究分众分类法和受控词表对于网络知识组织系统的作用,受控词表具有规范、严格、语义丰富的优势,而分众分类法具有丰富的标签资源和用户数据,研究了如何综合二者优势,及时更新、修改完善受控词表,达到二者优化。[32]贾君枝、孙智超和邰杨芳(2013)利用《中国分类主题词表》的层级结构关系和标签的统计学规律,建立标签和主题词间映射,再通过标签聚类扩展映射。以"豆丁医学"为例进行应用表明基于主题词的标签推荐模型能为用户提供更好的标签和分类导航。[33]

本书第5章研究利用上述本体框架思想和构建方法,探索从 Wikidata 的类层次关系抽取信息构建有关中国人的职业层次关系本体,在基于主题模型的中国个人名称规范记录信息检索中应用。

1.3.4 LDA 主题模型

国外基于主题模型的研究最著名的是布莱(Blei, 2013)等提出的文档主题生成模型—潜狄利克雷分布(Latent Dirichlet Allocation, LDA), LDA 基于信息检索领域的主要研究成果,包括萨尔顿和麦吉尔(Salton & McGill, 1983)提出著名 tf-idf 方案[49]、迪尔韦斯特(Deerwester, 1990)提出的 LSI 模型[50]和霍夫曼(Hofmann, 1999)提出的概率 LSI 模型 P – LSI,[51]都是克服以前模型的缺陷,逐步发展得到。tf-idf 方案把文档转化为词表内词的向量表示,但描述方面提供较小的精简率,并且对文档内部—文档间的统计结构揭示极少。LSI 模型使用矩阵的奇异值分解方法以识别捕获了集合内绝大多数变量 tf-idf 特征的空间中的一个线性子空间,导出的 LSI 特征是原始 tf-idf 特征的线性组合,可以捕获基础语言观念如同义词和多义词方面的特征,但 LSI 需要一个通用的生成概率模型,而 P – LSI 把文档中每个单词建模为从一个组合模型中的一次取样,而组合成分是被称为主题的多项式的随机变量,从而使文档表示为组合成分的组合比例的列表,构建了生成概率模型,但是 P – LSI 存在待估计的参数个数多,并且与文档数成正比问题，进一步导致的对训练集的过适应问题。LDA 模型着力解决了这两个问题。

布莱、吴恩达和迈克尔·乔丹（Blei & Andrew Y. Ng, Jordan；2003）提出的最初的 LDA 模型是一个为离散数据集合如文本语料构建的概率生成模型，是一个三级的层次贝叶斯模型，集合中的每一个条目被建模为基础主题集合上的有限组合，而每个主题被建模为主题概率底层集合上的无限组合。[52]在文本建模上下文环境中，主题概率提供了一篇文档的显式表示。该研究为模型中的经验贝叶斯参数估计提供了一个高效的基于变分方法和 EM 算法的逼近推理技术，并在文档建模、文本分类和协同过滤应用中比较 LDA 方法与单元模型、混合模型及与概率 LSI 混合模型的性能，证明 LDA 模型优于其他三种模型。

随后布莱和其他学者（Blei & Laffert, 2007）对 LDA 模型进一步的改进研究，提出 LDA 在相关主题建模能力上的不足，例如一个关于遗传学主题的文档更大可能与疾病主题相关，而与 X 射线天文学的相关可能更小。论文提出新的相关主题模型 CTM，CTM 中通过对数正态分布表示主题成分的相关性，并为 CTM 模型推导出一个快速变分推理算法进行后验推理近似，由于对数正态与多项式并不共轭，使近似推导算法更复杂。[53]新的 CTM 算法被作者运用到发表在 Science 期刊 1990 ~ 1999 时间段的论文组成的语料库，CTM 算法比 LDA 算法显示了更好的适应性，更适用于大量的文档集合使用。布莱和博伊格勒（Blei & BoydGraber, 2010）提出另一个 LDA 的扩展模型语法主题模型（STM）。[54]STM 模型是一个贝叶斯无参模型，通过在语义和句法两方面一致相关，发现主题词的潜在分布。通过由句子组成的文档形成的语料的解析对依赖建模，假设每个词是由综合文档级特征和局部语法上下文两者而选择的潜在主题生成的。和 LDA 经典模型一样，每篇文档有一个在潜在主题的分布，用来提供语义的一致性，而依赖解析树中的每个元素有一个在它所有子主题上的一个分布，用来提供语法一致性。

巴塔查里亚和盖托（Bhattacharya & Getoor, 2006）无监督实体消解的 LDA 模型处理书目中的人名消岐问题。[55]模型把一条书目中所有实体引用看成文档中的词项，而真实实体看成是主题。研究构建一个隐含变量 group，每个 group 代表一个作者实体的概率分布，作者引用是通过实体属性经过噪声变形得到的。

宾夕法尼亚州立大学华裔学者宋扬等人（Yang Song & J Huang, and etc；2007）提出一个两阶段的名称消岐方法，第一阶段利用扩展 P – LSI 和 LDA 模型，引入一个新变量 Persons，用相关的 person 和单词学习主题分布。下一阶段，主题分布看作特征集，通过均衡一个层次凝聚聚簇算法进行名称消岐。在 CiteSeer 的科学文档的 Web 数据实验证明,该方法超出了其他无监督学习方法。

张冰晶等(Bingjing Zhang & Bo Peng,Judy Qiu;2016)学者研究通过集合模型通信优化器实现高性能的 LDA 问题,识别在并行 LDA 计算的模型的 3 个重要特征:需求的本地计算模型参数的规模是高的;本地计算的时间复杂度与需求的模型规模成正比;模型规模随着收敛锐缩。[92]通过研究不同工具上模型通信的集合和异步方法,发现优化的集合通信能提高模型更新速度,从而允许模型收敛更快。

泰国朱拉隆冈大学劳哈基亚、菲姆特斯和罗辛萨普(Laohakiat & Phimoltares,Lursinsap;2017)论文提出把降维方法结合到流聚簇框架中。[93]降维算法目的是发现一个使用无指导 LDA 方法的局部投影子空间,该子空间最大化地分割出与输入点相关的近邻微聚簇,输入点被指派到投影空间的微聚簇而不是整体高维度空间,实验显示该算法在性能上超出相应的流聚簇算法。

近年还有学者把 LDA 应用到不同的情境环境,而产生不同的 LDA 变形。张鹏等(Peng Zhang & Hansu Gu,M Gartrell;2016)学者针对在线社交媒体环境的图书精确营销受众定位提出了分组 LDA 方法,引入了一个新的潜在变量分组 group 去描述文档中相关的主题。[94]用豆瓣上随机取样的 40 本流行图书检验其分组 LDA,结果表明,算法可以为大多数类型图书识别不同类型的读者受众。周修泽等(Xiuze Zhou & Shunxiang Wu,2016)在基于知识的系统期刊发表论文为在线商铺联合过滤提出增加了评级信息的评级 LDA 方法。[95]认为用户决策行为不是独立,而是受到别人对商品评级的影响。通过在两个数据集上实验表明,算法明显优于基本 LDA 算法。吴丽芳等(Lifang Wu & Dan Wang,Xiuzhen Zhang et al.;2016)学者提出为内容策展社会网络用户集成用户产生信息挖掘和社会网络的建模,使用多层 LDA(MLLDA),把用户表示为通过用户共享的文本描述挖掘发现潜在兴趣和由共享兴趣形成的社会链接,表明 MLLDA 算法能产生更精确的用户模型。[96]

国内主题研究紧跟国际前沿,持续时间长且研究成果丰富。徐戈和王厚峰(2011)综述研究自然语言处理的主题模型发展。[34]主题模型是通过文档词项的共现抽取主题,将文档从词项空间转化到主题空间,实现文档降维。分析发展阶段性工作如潜在语义索引 LSI、概率 LSI 和 LDA 之间的联系发展。并对生成概率模型 LDA 派生的模型分类,对各类选取代表模型介绍。分析主题模型中最重要的两组参数为主题下的词项概率分布和文档的主题概率分布,对参数估计过程中期望最大化算法的使用分析,深入理解各项工作的关联。

李文波、孙乐和张大鲲(2008)提出附加类别标签的 LDA 模型 Labeled_

LDA，实现在各类别上协同计算隐含主题的分配量，克服传统 LDA 强制分配隐含主题的缺陷。[35]将该算法在复旦大学的中文语料库 Micro_F1 和英文语料库上 20newsGroup 的 comp 子集实验，分类性能都有显著提高。

王少楠、宗成庆（2016）提出一种基于双通道 LDA 模型研究汉语词义表示与归纳方法。[36]研究总结已有的词义表示方法和人脑词义表征的关系，阐述从歧义词所处上下文最大限度获取歧义词相关的词义信息，将歧义词上下文语境中的实词和上述获取的歧义词相关的词义信息特征集合两种信息通过贝叶斯概率模型整合，实现歧义词词义表示归纳，用 CLP2010 词义归纳任务中的部分名词进行汉语词义归纳实验证明算法可以提高词义归纳模型的性能。

陈亮（2016）研究针对专利摘要特点的 LDA 模型。[37]专利文献具有科技语和新术语繁多和文本长度较短等特征，算法利用专利领域著名的分类体系辅助主题抽取，提高了所抽取的主题的可读性，推算出专利在分类体系中的概率分布。并用硬盘磁头领域作为语料验证算法的可行性和有效性。

本研究应用主题模型在中文个人名称规范记录标目附加信息、注释、参考数据源三部分合成的文本中抽取有关个人的主题信息，为记录基于个人实体的识别提供更丰富的判别信息。

1.4 本书的研究内容和研究路线

本书研究中文科研领域命名实体的知识图谱构建，首先在国内图情领域学者研究中文个人名称规范档与虚拟国际规范档（VIAF）的关联问题及其不同格式的语义化转化研究的基础上，解决当前国内中文名称规范检索系统（CNASS）结果集中记录数量大而杂乱、冗余，需要将各规范档内部和不同规范档的表示同一个人的多条记录匹配聚簇问题。

本书在前面两章对语义网技术和基于语义的关联聚簇的国内外研究的基础上，第 3 章参考国外标杆 VIAF 的响应用户检索对用户友好的结果表示和 VIAF 的匹配算法匹配属性使用，分析国内名称规范联合库（CCCNA）的检索结果特征和记录的详细内容特点，提出针对中文规范记录结果集大量平行无逻辑关系的记录聚簇的解决思路：预处理去除了大量语义无关记录，再根据属性信息进行匹配。用于匹配属性包括国内研究普遍使用的名称、生年和卒年属性。对于中文人名规范档大量记录生卒年缺失的问题，借鉴 VIAF 在结果表述和聚簇内部对作品属性的重视，本书尝试性提出从 CNMARC 注释和参考数据源字段抽取与个人关联的作品题名序列属性，从有共同作品方面辅助记录的聚簇实现。通过 300 个检索结果集应用聚集算法，统计显示处理后聚簇数都显著低于处理前的记录条数，证明生卒年和作品信息组合对个人记录聚簇的有效性。

第 4 章考虑到 VIAF 记录的丰富性，聚簇算法基于 VIAF 作品信息扩展实现中文人名匹配。作品信息只用到作品题名，一定程度上解决生卒年信息缺失引起的匹配困难问题。由于中文名称规范记录缺少关联的书目记录连接信息，分析提取出的具体作品实体信息发现，不同规范档作品收录不同而造成共同作品占比不够高，而且不同来源库的参考数据源格式不同，作品题名的多语言格式，使一些本应匹配的个人不能根据作品题名自动匹配。此部分采用 FRBR – LRM 框架，用实体—关系—属性方法更准确表示个人与作品的关系，并根据规范记录内嵌的外部美国国会图书馆（LC）记录号重定向到 VIAF 的聚簇的信息来扩展作品关系信息，在作品关系呈现多倍扩展的基础上，构建基于作品关系扩展的中文个人名称规范记录聚簇算法。

由于中文名称规范档和关联的标杆 VIAF 都没有定义属性值的类层次关系和同义词关系，为了更准确地进行名称规范记录中社会属性的语义分析，本书第 5 章利用网络知识库 Wikidata 的类关系，分析个人名称实体重要社会属性—职业属性值隐含的本体语义关系。从 Wikidata 提取国籍为中国的个人条目，抽取生年、卒年、职业等属性组成语料库。利用 Wikidata 分类的上下位关系推导有关中国人的职业子集的层次关系。分析语料库中职业的上位关系矩阵的特征，并利用上位关系的可传递性进行推导计算，同时采用了准马尔可夫过程的方法对所有职业的上位分类进行研究，结果表明 Wikidata 职业分类体系不同于传统的严格树型结构，是复杂的网络层次结构，有多个上位结点的结点数量很多，分类体系从多视角对职业类属层次进行划分，而且对即使已属于上位概念的非叶结点，由于实例个人处在不同的职业专业分化阶段，依然有个人实例标注。

本书第 6 章利用 Wikidata 职业本体的多视角分类关系，构建社会属性中关于职业的分面相关主题研究，包括行业、学科、职称等级、荣誉头衔等；再加上社会属性的其他方面主题，如性别、民族、生年、卒年、出生地、工作机构、作品题名、作品主题等，构建基于多个相关的主题模型的个人记录的语义化转换，最大化地丰富个人记录的属性信息，更好地实现中文个人名称规范记录的聚簇，为

第1章 绪　论

下一步与 VIAF 的正式关联提供更为丰富规范的语义化信息。

本书第 7 章利用前面六章的研究基础，将命名实体知识图谱从个人类扩展到机构类，从机构实例条目扩展虚拟国际规范档的机构的作者，这类机构在国内计划经济时期比较多，很多作者署名集体（机构）创作，而把个人实体中的关系机构如受教育机构，附属的工作机构加入的命名实体知识图谱的机构实体中，极大地扩大机构实体的结点数。

本书最后对研究进行总结，提出中文个人名称规范记录聚簇问题已成为规范档之间关联所面临的重要问题，论文提出的基于名称、生年、卒年以及作品关系组合的匹配聚簇方法，基于 VIAF 聚簇信息的扩展的作品关系的聚簇方法和基于主题模型的属性语义转换方法的聚簇方法，逐步逼近真实情况以提高聚簇的准确性，并认真分析本书研究的 3 个局限和进一步的研究展望。本书的研究路线组织结构如图 1-1 所示。

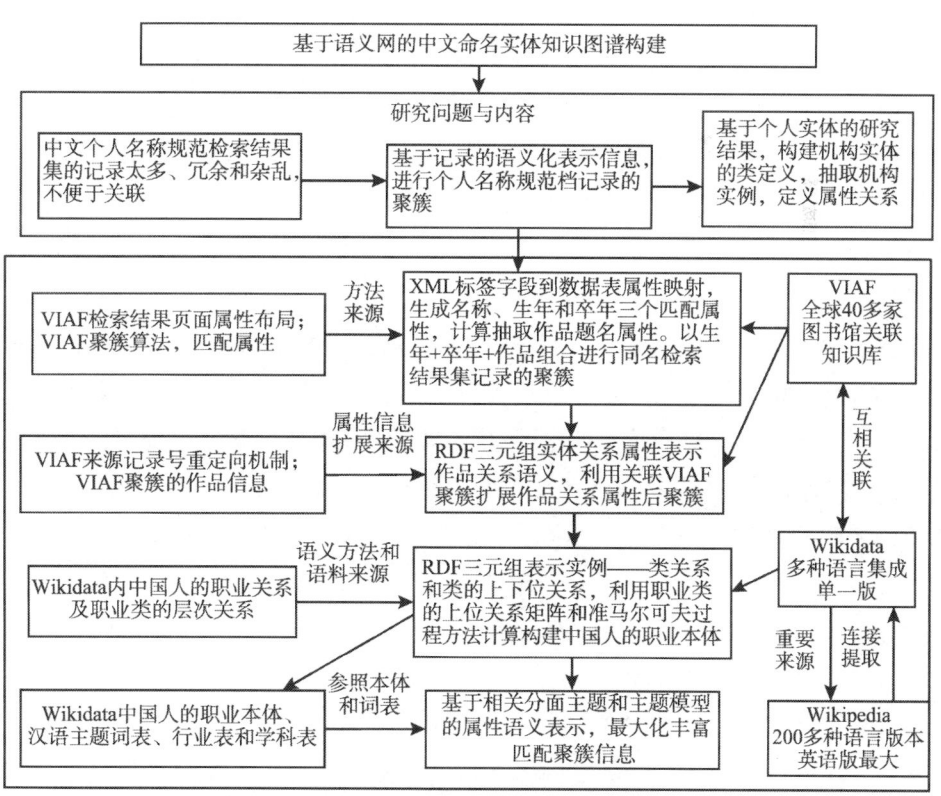

图 1-1　本书的研究路线和组织结构

第 2 章

基 础 理 论

2.1 语义 Web 的构成

传统的 Web 概念是欧洲核子研究组织的伯纳斯·李（Berners·Lee，1989）首次提出，正式登录互联网，迅速改变了人类信息交流方式及商业方式。[97]但随着 Web 的迅速发展，其局限性也暴露出来。首先 Web 使用 HTML 标记语言，其标签集只是针对显示格式，缺乏针对数据内容的标签，决定了 Web 上的内容很难被机器理解，制约了对 Web 上海量数据自动化处理应用的发展；其次，基于关键词的搜索引擎，由于 Web 页面的无结构性、超链接的自由无序以及计算机不能有效理解语义层面的概念，无法进行语义关联和推理，造成互联网信息的查准率和查全率相对较低。

针对上述缺陷，W3C 致力改进 Web。1998 年伯纳斯·李首次提出语义 Web 的构想。[98]他认为："语义 Web 是一个网，它包含了文档和文档的一部分，描述事物间的明显关系，且包含语义信息，以利于机器自动处理"。语义 Web 可以理解为在传统 Web 基础上增加了一个语义（知识）层，通过定义的语义规范语言及构建的知识概念结构，给语义网中的信息赋予良好的含义，成为机器可识别、交换和逻辑推理的语义信息。

W3C 在经典的基于 HTML 的 "Web of document" 的基础上，正在着力构建上述的语义网体系结构，即语义网技术堆栈框架，Wikipedia 给出的语义网技术堆栈框架定义，如图 2-1 所示。[99]语义网支持 "Web of data"，其中的数据是一种类似于在各种数据集见到的表格数据。而这种数据网的最终目的是使计算机能做更多的有用的工作，或者开发出更强大的系统支持网络上的可信的互操作。术语"语义网"同时参考了 W3C 的关联数据的视图。语义网技术使人们可以在 Web 创建数据存储，构建包括同义词表、等级等语义关系的词汇表，以及处理数据的规则。关联数据的力量来自于其底层技术，如 RDF、SPARQL、OWL 是语义网的三大重要标准。

2.1.1 RDF 与关系数据库

语义网技术堆栈框架如图 2-1 所示，最底层的统一资源定位符（Uniform Resource Identifier，URI）和统一编码方式 UNICODE，提供了万维网资源的获取方法和不同语言字符显示。而第二层的扩展标记语言（XML）提供了定义互联网语义内容的语法基础，把 HTML 标记从浏览器的显示格式扩展到了内容语义相关的标签，如 <个人汉语名称>鲁迅<个人汉语名称>，成对的标签 <个人汉语名称> 标识中间内容的语义是个人汉语名称。第三层资源描述框架（Resource Description Framework，RDF）和资源描述框架模式（Resource Description Framework schema，RDFS）属于语义 Web 的数据互操作层，是语义网的最基础的标准。RDF 遵循扩展标记语言（XML）的语法描述网络上的资源及其关系，提供一套标准的数据语义描述规范，它还定义了描述中所使用的词汇。RDFS 在此基础上提供面向计算机理解的词汇定义，提供了描述类和属性的能力。RDFS 在 RDF 基础上引入类、类之间的关系、属性之间的关系、以及属性的定义域与值域等。

资源描述框架模式 RDFS 对于类、关系和属性定义与关系数据库的关系模型实体联系 E-R 方法类似。关系数据库（RDB）以数学的集合论为理论基础，RDF 的类，类似于 RDB 的实体型，关系类似于实体内部实例的联系和不同实体间的联系。属性定义在关系数据库的数据库系统内部通过关系模式层定义属性，并通过完整性定义约束和不同关系之间的联系；RDFS 则扩展到 W3C 机构定义的标准模式类及其属性术语及约束条件。W3C 在 2012 年给出了 R2RML，一种从 RDB 到 RDF 的映射语言，完成 RDB 数据到 RDF 的映射。[100] 通过 R2RML，RDB 的结构化的数据表都可以转换为 RDF。但是 RDF 放松了关系定义中的每个实例（元组）属性值不可再分的限制，RDB 关系不允许表中套表，RDF 中间不再有这样的约束。

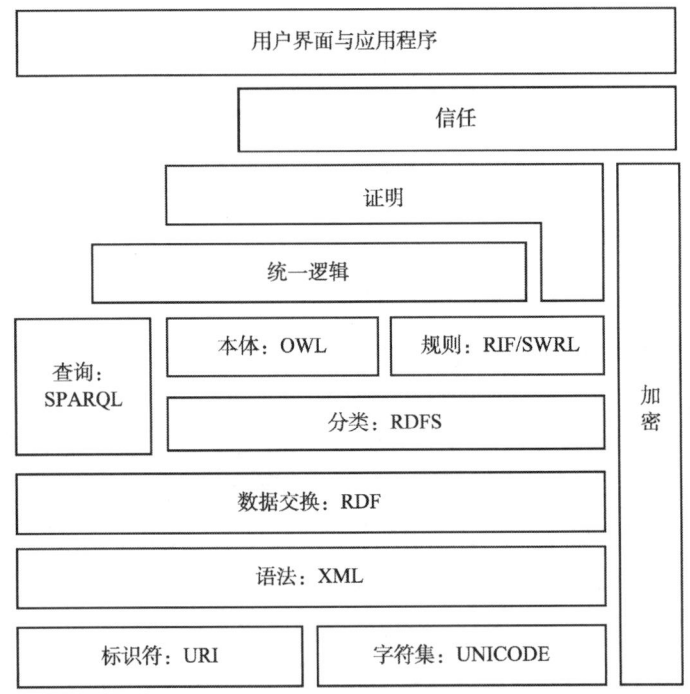

图 2-1　语义网技术堆栈框架

资料来源：https：//en. wikipedia. org/wiki/Semantic_Web_Stack

2.1.2　网络本体语言 OWL 与本体的构建与应用

本体层作为语义网核心层，在 RDF 和 RDFS 进行的基本的类/属性描述的基础上，进一步描述相关领域的概念集，并提供明确的形式化语言网络本体语言 OWL 准确定义概念和概念之间的关系。

国外知识库中对各领域和各种行业词汇表的构建已经经历近 20 年，研究成果丰富，并在互联网上开放应用。一方面为用户提供智能支持的检索服务，方便用户知识发现；另一方面为后续的研究提供的坚实的基础支持，提供多种平台方法的数据批量下载，为科学研究提供数据支持。

著名的本体词汇库有普林斯顿大学开发的 WordNet，是一个在线的英文词典数据库，包含大约 155 287 个词条，同义词集合约 117 659 个，从语义的角度研究词汇。[101] WordNet 理论基础是心理语言学，不仅包含了一般词典的音位、语法、句法，更重要的是改变传统词典以字母顺序组织信息的方式，从概念语义层面构建词汇。从词汇语义学角度看，词汇总是与一定的词汇概念相关联的，它们之间存在多种关系，WordNet 将词汇与词汇的概念（分类）通过词汇矩阵建立映射，矩阵中行代表同一个词义，列代表同一个词形。WordNet 通过词汇矩阵将众多相似或相近的词组织为同义词集，并在同义词集之间通过指针建立各种语义关系。语义关系主要包括同义关系、反义关系、上下位关系、整体部分关系、蕴含关系等，这些语义关系与数学上的集合理论和逻辑理论有着相似的含义和推理机制。上下位关系是一种重要的语义关系，两个同义词集合通过上下位指针建立联系。上下位关系产生一个层次性的语义结构，一群相关下位语义通常有一个上位语义，下位语义继承上位语义的所有特征，并且至少加上一种属性，以区别于其他下位语义。这与面向对象的分析设计思想异曲同工，符合人类认识世界的认知习惯。

由于 WordNet 基于概念的信息组织方式，国外很多研究项目都采用其作为语义研究的基础知识库工具。国际万维网会议委员会 IW3C2 提倡的 YAGO 项目构建轻量集的可扩展的知识库，采用将 Wikipedia 与 WordNet 联合映射的方式，对 Wikipedia 知识库进行基于语义概念的结构化[22-24,71]：YAGO1 知识库包含了 100 万个实体和 500 万的事实（fact），事实是对实体的属性描述和实体间的关系描述，每个事实可以应设为一个 RDF 三元组语义。YAGO2 是对 YAGO1 知识在时间和空间知识方面的扩展，YAGO2 从 Wikipedia、GeoNames 和 WordNet 中自动抽取和映射，包含 1 000 万的实体和事件，表示世界通用知识的 8 000 万事实。YAGO3 中利用 Wikipedia 的 Wikidata 增加跨语言的知识。

Wikidata 是维基媒体基金会继维基百科之后的又一力作，提取了包括中文版在内的不同语言版本的维基百科条目，创建一个整合 280 个语言版本维基百科 3 000 万篇文章的 Wikidata 页面，并将用户完善纳入到 Wikidata 的内容建设，使用户可以在维基数据中添加和编辑数据。[72] Wikidata 的数据被组织在主命名空间、属性命名空间和查询命名空间。Wikidata 的实体可以是主命名空间的条目也可以是属性命名空间的一个属性。条目对应真实世界的客体、概念等给定的标识符以及与条目有关的信息，用 Q + ID 标识，一般用作关联数据三元组的主语；属性是对条目各方面的数据值的描述或与其他实体的关系，用 P + ID 标识，用作三元组中的谓词；属性可能有一个值或多个值，它放松了关系数据库的属性值的约束；属性值既可以是通用数据类型值，也可以是另一个实体，反映实体间的关联关系。

Wikidata 对实体概念间本体语义的描述主要通过实体名（id）、多语言标签、多语言描述（定义）、多语言别名以及实例类属性（instance of）和上下位类属性（subclass of）标识。Wikidata 的本体是一个复杂的网络体系，包括常用个人、机构、事件、作品。个人实例对应于 Wikipedia 的个人传记文章，是 Wikidata 的最多条目。个人通过属性关系值与其他的类建立连接。例如本书第 5 章利用个人条目中的属性实例（instance of）和上下位关系（subclass of）推导职业的分类层次本体信息。

2.1.3 语义推理应用

语义网框架的上三层是逻辑层（logic）、证明层（proof）和信任层（trust）。逻辑层主要解决特定规则的自动推理，定义规则及其描述方法是自动推理的基础。逻辑层需要使用功能强大的逻辑语言来实现推理。证明层使用逻辑层定义的推理规则进行逻辑推理，得出某种结论，并负责提供一种机制，以决定是否信任给出的结论。

语义网的语义推理包括三个层次的推理，RDF 和 RDF Schema 的公理语义、OWL 的公理语义和规则系统（Horn 逻辑）。

(1) RDF 和 RDF Schema 的公理语义认为一个 RDF 陈述（三元组）(P, R, V) 表示为 PropVal (P, R, V)，包括：

类的层次定义：Resource 是最一般的类，类和属性都是资源。

类型属性公理：类型可以作用于资源，它的值是一个类。

一个具体化的陈述可以分解成 RDF 三元组的三部分：一个三元组的主语、谓词和宾语都是函数属性，即每一个三元组都有且只有一个主语、一个谓词、一个宾语。

子类和子属性公理：如果类 C 是类 C' 的子类（subClassOf），那么 C 的所有实例都是 C' 的实例；

Domain 和 range 都是用来约束属性的，分别定义属性的定义域和属性的取值范围值域。

RDF 和 RDFS 的直接推理系统：子类关系具有传递性，

IF 系统 E 包含三元组（? u, rdfs: subClassOf, ? v）和（? v, rdfs: subClassOf, ? w）

THEN 系统 E 也包含三元组（？u，rdfs：subClassOf，？w）

（2）OWL 的公理语义包括属性公理和类公理。

属性公理包括逆属性公理、等价属性公理和不相交属性公理；

类公理含义：在 OWL 中，类是通过断言某个资源的类型是 owl：Class 来定义；类存在两个预定义的类在推理中起重要作用：owl：Thing 和 owl：Nothing。

（3）规则系统。

规则系统（rule systerms），也称为 Horn 逻辑（Horn Logic），是谓词逻辑的另一个存在高效率证明系统的子集。一个规则有如下形式：

$$A_1, \cdots, A_n \rightarrow B$$

其中 A_1 和 B 都是原子公式。对于这样的一条规则我们可以用演绎规则（deductive rules）来解释：

如果 $A_1, \cdots, A_n$ 已知为真，那么 B 也真。

某种意义上，Horn 逻辑和前两个描述逻辑是正交的，即它们都不是对方的子集。例如，在描述逻辑中，不可能定义出一个表示快乐配偶的类，即那些与自己最好朋友结婚的人。但这一知识可以容易地使用规则来表示：

married(X,Y), bestFriend(X,Y) → happySpouse(X)

2.1.4　基于数学关系的本体定义和逻辑公式

博斯特（Borst，1997）在博士论文中提出构建工程领域的本体框架思想和具体方法。瓜里诺和奥伯尔（Guarino & Oberle，2009）的研究着重定义了计算机和人工智能视角的本体的一系列初始定义，提供本体在概念化、显式定义方面的许多具体观念，并讨论了被广泛共享特性对于本体定义和应用的重要性。[32] 下面梳理了用数学关系和概念化表示本体范畴的系列概念，并举例说明帮助理解。

定义 2.1　外延关系结构是一个二元组（D，R），其中 D 是论域，R 是 D 上的关系的集合。

定义 2.2　世界 World：关于一个具体系统 S，我们为 S 的一个世界状态建模为事件的最大化可观测状态，即对于特征化系统 S 的所有可观测变量值的统一分配。对应于系统随时间的演化，一个 world 是 world 状态的一个总体排序的集合。如果为了简化目的抽象掉时间，一个世界状态与一个世界是一致的。

定义 2.3 （内涵关系　概念关系）设 S 是一任意系统，D 是 S 的可区分元素的一任意集合，W 是 S 的状态集（worlds）。元组 <D, W> 被称为 S 的一个域空间。因为它直观地修正了论域 D 和关于 S 的可能状态的可变性空间。<D, W> 的元数 n 的一个内涵关系（概念关系）ρ^n 是一个整体函数 $\rho^n: W \to 2^{D^n}$ 从 W 集到 D 上所有 n 元外部关系集。

定义 2.4　内涵关系结构　概念化　一个内部关系结构或概念化是一个三元组 C = (D, W, ℜ)，其中 D 是论域，W 是可能的世界集合，ℜ 是域空间 <D, W> 上的概念关系集合。

定义 2.5　外延一阶结构　设 L 是使用词表 V 的一阶逻辑语言，S = (D, R) 是一外延关系结构。外延一阶结构（L 的建模）是一元组 (S, I)，其中 I 是一全局函数 I：

V→D∪R 映射 V 的每个词表符号到 D 的一个元素或属于集合 R 的一个外延关系。

定义 2.6　内涵一阶结构　本体共同体　设 L 是使用词表 V 的一阶逻辑语言，C = (D, W, ℜ) 是一内涵关系结构，语言 L 的内涵一阶结构是一元组 K = (C, Γ)，其中 Γ 是一个全局函数 Γ：V→D∪ℜ 映射 V 的每个单词符号到 D 的一个元素或属于集合 ℜ 的一个内涵关系。

定义 2.7　（预期模型）　设 C = (D, W, ℜ) 是一个概念化，L 词表 V 的一阶逻辑语言，本体共同体 K = (C, Γ)，一个模型 M = (S, I)，其中 S = (D, R) 被称为 L 关于 K 的预期模型，当且仅当：

（1）对于所有常量符号 c∈C，I(c) = Γ(c)

（2）存在一个 world w∈W，对于每一个谓词符号 v∈V，存在一阶关系 ρ∈ℜ，使 Γ(v) = ρ 而且 I(v) = ρ(w)。

与 K 兼容的 L 的所有模型集合 $I_K(L)$ 被称为关于 K 的 L 的预期模型。

定义 2.8　本体设 C 是一个概念化，L 是一使用词表 V 和本体共同体 K 的逻辑语言。为使用词表 V 和本体共同体 K 的概念化 C 构造的本体 **O_K** 是一个理论，该理论由 L 的公式集合组成，被设计成它的模型集合尽可能地逼近关于 K 的语言 L 的预期模型。

下面用一个例子说明上述概念和逻辑。

例子 2.1　假设考虑一个 50 000 人的软件公司的人力资源管理，每个人员用数字前加字母 E 表示，论域 D 为包含所有员工，系统中人员之间关系 R 包含一元关系如 Person，Manager 和 Rearchers 和连个二元关系 reports-to 和 coorerate-with。

D = {E000001,…E050000…}

R1 = {Person,Manager,Researcher,cooperate-with,report-to}

关系的外延反映一个具体的世界，现实中可能有多个不同的具体的世界，下面 w1 和 w2 是两个具体世界。

w1(D,R1):

 Person = D

 Manager = {…,E013001,…}

 Researcher = {…E044441,…E045558}

 Repors-to = {…(E044441,E013001),(E045558,E013001)…}

 Coopeattes-with = {…(E044441,E045558)…}

w2(D2,R2):

 D2 = D,

 R2 = {Person,Manager,Researcher,cooperate-with,report-to'}

 report-to' = repors-to ∪ {(E013001,E050000)}

w1 与 w2 是与概念化 C 兼容的两个世界。C = (D, W, $\Re$)，其中：

 D = {E000001,…E050000…}

 W = {w1,w2,…} 可能世界的集合。

 $\Re$ = {$Person^1$, $Manager^1$, $Reseacher^1$, $cooperate\text{-}with^2$, $report\text{-}to^2$} 概念关系集合。

增加词表 V 与关系符号一致：

 V = {Person, Manager, Researcher, cooperate-with, report-to}

定义 2.6 中的本体共同体由下述部分组成：关系符号 Person、Manager、Researcher、cooperate-with、report-to 到概念关系的映射。

最后我们建立该例子系统的本体 O，包含下列逻辑公式 O1～O5，对系统进行逐步精确逼近现实系统的描述。

子类关系公式：

 O1 = {Researcher(x)→Person(x),Manager(x)→Person(x)}

增加二元关系的定义域和值域公式（因为要逐步精确，所以下面公式在逐步增加公式）：

 O2 = O1 ∪ {cooperate-with(x,y)→Person(x)∧Person(y),report-to(x,y)→Person$(x) \wedge$ Person$(y)\}$

增加对称性公式，cooperate-with 是一个对称关系：
O3 = O2 ∪ {cooperate-with$(x,y) \longleftrightarrow$ cooperate-with(y,x)}

增加传递性公式，系统规定 report-tog 关系是传递的
O4 = O3 ∪ {report-to$(x,y) \wedge$ report-to(y,z) (report-to(x,z)}

增加不相交性公式，系统规定子类 Researcher 和 Manager 不相交：
O5 = O4 ∪ {Reseacher$(x) \rightarrow \neg$Manager(x)}

2.2 规范数据和关联数据

2.2.1 规范数据的描述格式

国内的名称规范文档基本采用 MARC（Machine–Readable Cataloging）格式。MARC 是机器可读目录格式的缩写形式，MARC 格式起初由美国国会图书馆（LC）研究开发，20 世纪 60 年代，计算机技术进入图书馆应用领域，为了使计算机能识别目录，软件人员设计了 MARC 格式。MARC 记录建立各种索引提供检索点，如标准号、控制号，还能提供各种限定检索，如年代、语种等。现在的 MARC 记录，还能提供比普通目录信息量大得多的内容上的连接，如：相关书目记录的连接，与文献有关的其他二次文献的连接甚至全文的连接等。70 年代，LC 研制的 MARC 被接受为国际标准，在 80 年代称为 USMARC 格式，到 90 年代后期改名为 MARC21，即为新世纪 21 世纪的 MARC 格式。当前的 MARC21 格式包含了 5 种不同用途的格式：规范格式、书目格式、馆藏格式、分类格式和社区信息格式。

中国机读目录（China Machine–Readable Catalogue，CNMARC）的研制始于 20 世纪 70 年代，国际图联（International Federation of Library Associations and Institutions，IFLA）综合各种的 MARC 格式制定的 UNIMARC 被 ISO 确定为国际标准 ISO2709，国内图情领域参照 ISO2709 国际标准，结合国内情况，制定出版《中国机读目录通讯格式》，即 CNMARC。CNMARC 格式为我国机读目录实现标准化、与国际接轨，从数据结构方面提供了保障。CNMARC 与 MARC21

在结构上大同小异，但是 CNMARC 没有提供规范格式，使依据 CNMARC 表示的中文书目建立的中文名称规范档在关联化的过程遇到与 MARC21 不兼容的一些问题。中文名称规范档是中文规范控制的重要部分，通过分析处理书目记录对个人名称、家族名称、团体名称、地理名称和统一题名建立规范记录，形成规范文档。[76]

1998 年，国际图联发表研究报告《书目记录的功能需求（Functional Requirements for Bibliographic Records）FRBR》，适应互联网环境下自动化处理和网络知识语义检索的用户需求，使书目数据增加计算机可以处理的结构化的语义分类元数据，书目数据可以根据多个元数据和标准进行分类，方便用户检索。[77]

2008 年发布规范数据的功能需求概念模型（Functional Requirements for Authority Data，FRAD）。FRAD 是对 FRBR 在规范控制和规范记录文档方面的发展，继承使用 FRBR 的 E-R 模型，将个人、团体、名称、题名、标识符都定义为实体类。[78]将书目数据发展成为具有各种关系的实体关联知识库。FRAD 详细描述了个人 14 种属性：个人重要关联日期（生卒日期等）、头衔、性别、出生死亡地等、个人与家族的成员关系、个人与团体的从属关系、个人与个人的共同作品、子女、配偶、师生等关系。FRAD 标准为名称规范文档的语义化实现提供了基础，实现属性关系名称元语言术语的共识统一，对各种规范文档进行元语言的关联和映射转换。对规范记录中的信息都将以 RDF 三元组格式进行语义描述，以实体—属性—属性值的形式出现。而属性值既可以是各种类型的原始数据如文字、数值、日期等，也可以是实体对象，表达 ER 模型中的实体间联系，为关联数据提供凭据。

国际图联推出 FRBR、FRAD 概念模型后在 2005 年成立主题规范记录的功能需求工作组，处理主题规范数据问题，在国家图书馆和地区图书馆调查主题规范数据的直接和间接应用。2010 年发布主题规范数据功能需求（Functional Requirements for Subject Authority Data，FRSAD）概念模型。FRSAD 在第三组定义了 4 个实体：概念、实物、事件、地点。该模型可以描述更多的事实知识。[79,80]主题规范的一项重要任务是建立主题词之间以及同其他系统标引词之间的联系，既保证了一个系统内部主题标引的规范和统一，也方便用户从不同的入口词查找资源，更有利于不同系统知识库之间的关联集成。

国际图联的 FRBR、FRAD 和 FRSAD 家族系列概念模型的推出推动了图书馆领域元数据管理的语义化进程,一些学者专门研究图书馆 MARC 格式元数据的 FRBR 化的语义转换工作的方法。[81]

2.2.2 规范数据的关联

FRAD 和规范档的应用,促进了关联数据的迅猛发展,国际著名机构出版发布了大量的关联数据,成立专门的机构关联开放数据(LOD)定期管理发布关联数据的情况,如图 2-2 所示。[82] 图中的结点显示各机构出版的关联数据,结点大小表示该结点关联数据集的大小,结点间的连线的粗细表示关联数据间关联的数量。LOD 关联数据云图中包括 88 个规范数据集,其中图书馆领域的规范数据有 27 个,其中虚拟国际规范档(VIAF)及其来源机构的规范档如国会图书馆名称规范档 NACO,德国国家图书馆的规范数据 GND 都作为规范数据集在 LOD 中发布。

关联数据云图除了规范数据外,还包括其他格式知识库数据,发布多领域的关联数据集,包括跨领域、地理、政府、生命科学、语言学、媒体、出版、社交网络、用户产生的方面的 9 大类关联数据,其中政府发布的关联数据集个数最多。关联数据集如何建立关联,关联的对象如何确定,主要是基于结点描述的资源的特征分析而进行的实体识别,再根据资源特征的相似性判断不同结点之间的各种关系而进行结点间的关联。关联数据的前提是对关联的实体特征的分析判断。资源描述的特征来自于资源的各种属性和关系分析,有些特征来自计算机容易处理的结构化数据,有些隐含在文档中,需要进行语义结构化处理。关联数据云中最大的关联数据集是跨领数据集 DBpedia,它从 Wikipedia 的 100 多种语言版本的文档抽取结构化数据,拥有比较成熟的本体并且坚持稳健一致的关联数据出版生命周期,以满足的 Wikipedia 的信息更快的本意。[83] 关联数据云图中还包括来自维基媒体基金会开展了一系列的项目数据集,比较著名的包括 Freebase、DBpedia 和 YAGO 等。这些关联数据集充分利用 Wikipedia 创建结构化的知识库,从 Wikipedia 分类、Infobox 以及 Wikipedia 文章右上角的总结表格抽取结构化的信息,应用这些获取的知识提高了谷歌知识地图和脸书(FaceBook)开放图的对象搜索能力。

关联开放数据组织紧跟跨领域、地理、政府、生命科学、语言学、媒体、出版、社交网络、用户产生的方面的关联数据集的发展而周期性更新,在本书问题

第 2 章 基 础 理 论

的研究期间，关联开放数据组织在 2017 年 2 月 20 日更新的关联开放数据云图，如图 2-3 所示。和图 2-2 比较，可以看出关联开放数据云图已经集成多个领域的更多更新的关联数据集，将会在更大的领域支持基于知识的探索和决策支持。[84]

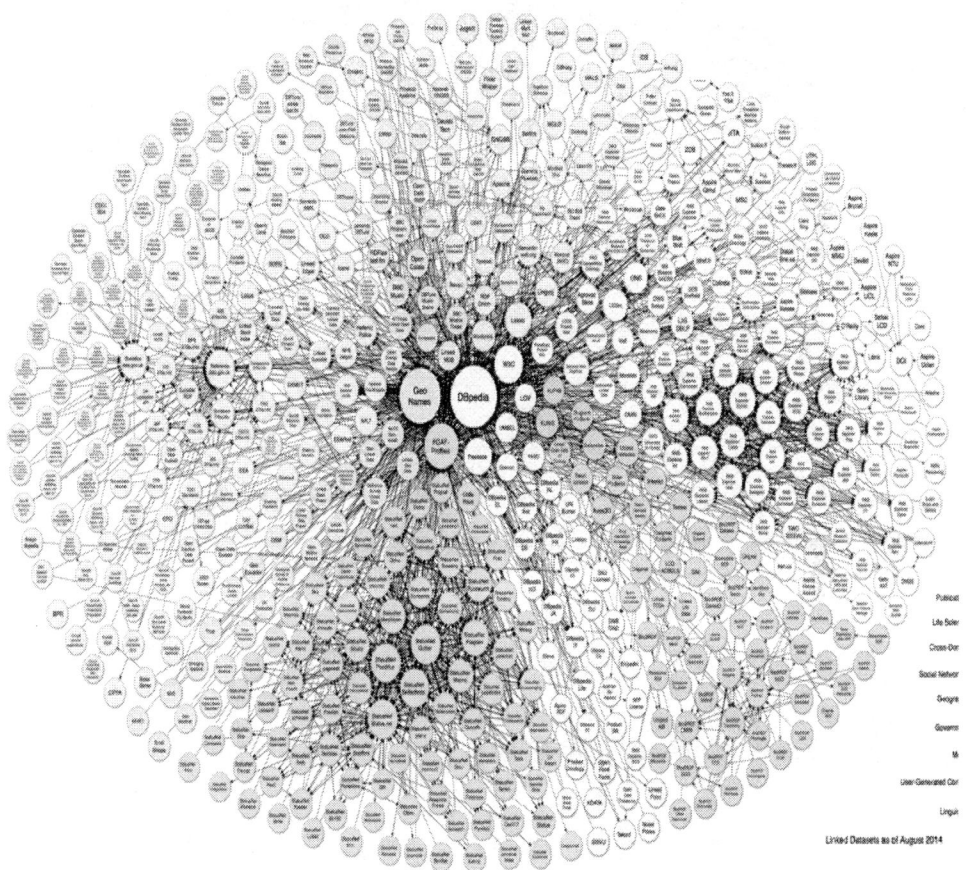

图 2-2　2014 年版的关联数据云

注：参考开放关联数据网站 http：//lod-cloud. net/versions/2014-08-30/lod-cloud. pdf

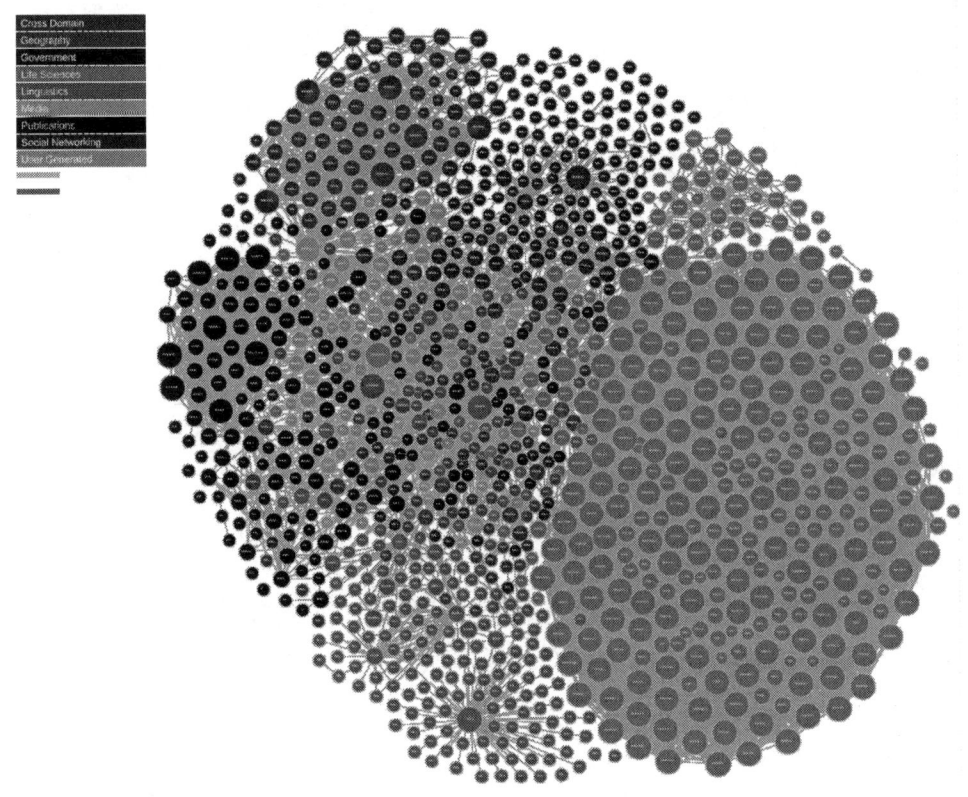

图 2-3　2017-2-20 更新的集成多领域数据的关联开放数据云

注：参考 Insight 维护的关联开放数据云。http：//lod-cloud.net/ ［2017-2-20］

2.2.3　跨语言的一体化关联数据 Wikidata

虚拟国际规范档把图书馆领域不同语言的规范记录利用算法进行聚簇，并按月收集各来源机构的规范记录和书目记录，重新聚簇。Wikidata 采用不同的方法集成 Wikipedia 的多种语言文档信息到一个单一的数据库。Wikipedia 已经有多语言连接的关系机制，显示在每篇文档的左部。例如 207 篇关于 Rome（罗马）的 Wikipedia 文章，在其左部都列了 206 个到其他语言的 Rome 文档的语言链接。据统计，2012 年底在 Wikidata 项目运营前，Wikipedia 的主要 66 种语言的文档包含的到其他语言的链接远多于实际内容链接。很明显，如果把保存和管理语言链接的任务交给一个单独结点，是比 Wikipedia 当前的多语言连接更好的方案，Wikidata 就这样成为结点。对于每一篇 Wikipedia 文档,在 Wikidata 站点创建一个网页,有专门管理到各种语言的相应 Wikipedia 文档的链接部分。这些网页成为 Wikidata 的基本单元条目 item,每个条目包括多种语言的标签列表,别名列表和一个一行的关于条目的简单描述,这些标签、别名列表和描述已经增加到 358 种语言。Wikidata 社团创建工具 bots,可以自动化地从 Wikipedia 到 Wikidata 移植语言链接,已经移植了 24 000 万的链接。

范兰德 I 和克吕茨奇(Vrandečić & Krötzsch,2014)的研究给出 Wikidata 特征的统计描述,包含 4 大类,其中第 1、2 类与本书研究关系紧密,对其应用分析详见表 2 – 1。[26]

(1)总体统计特征,说明 Wikidata 的规模:支持语言数,条目个数,条目的标签,别名,描述个数,包含陈述的条目,陈述条数 >5 的条目。

(2)页面详细陈述个数、包含引用的陈述个数、总属性,常用的属性列表及其统计数。

(3)注册贡献者及其编辑情况。

(4)数据类型的使用。

表 2 – 1　　　　　　本书研究有关的 Wikidata 特征统计及其应用

支持语言数		358	注释
条目个数		15 792 256	平均每个条目有 3~4 个不同语言的标签
标签个数		52 811 608	
陈述数大于 5 条的条目		3 017 227	属性事实信息丰富条目,占总条目 19%
属性总数		1 178	属性总数太大,以下最常用属性为重点
最常用的属性	instance of	10 892 559	用于类实例关系推理
	country	2 236 848	抽取属于中国个人的条目
较常用属性	occupation	—	用以本书第 5 章中职业层次结构的构建
	subclass of	—	

注:表 2 – 1 数据来自 Vrandečić 和 Krötzsch 的论文:Wikidata:A Free Collaborative Knowledgebase. Comunication of the ACM,2014,57.

Wikidata 为每个属性定义了单纯的页面,该页面定义了该属性可以取值的数据类型,数据类型的数量不大,一般包括数量、item、字符串、日期时间、地理坐标和URI。Item的单一的属性—值对在很多情况下无法反映现实情况，Wikidata为item的属性值对再增加次一级的属性值对，即限定符（qualifier）。Qualifier描述的不是item的属性，而是属性值对的属性。Wikidata社团坚持呈现不同来源的多个属性值声明，而不是选择一个正确的声明，把选择的权限交给用户。

Wikidata的一个重要发展是持续进行的与现存的数据库和规范控制集成扩展工作，包括到国标标准名称标识（International Standard Name Identifier，ISNI）、中国高等教育文献资料保障中心（CALIS）、国际航空运输协会（IATA）连接等，这些集成的外部标识符可以允许应用把Wikidata数据与原机构控制的外部数据集成。对不同数据源集成标识符和规范档的项目的工作，在Wikidata外，还有书目领域的VIAF，地理领域的GeoNames和Freebase。

每一个Wikidata的实体与唯一的统一资源标识符URI对应，这符合关联数据的发布标准，使Wikidata成为语义网的一部分，支持其他语义网资源与Wikidata的集成。Wikidata的ID标识符是一种独立于语言的标识符，便于跨语言应用的数据交换和集成。Wikidata为许多术语提供多种语言的标签和描述，与通用的词典WordNet等的不同，主要在于Wikidata包含了大量的命名实体，如人名、地名、化学药物名、植物名和具体术语，这些命名实体的语义解析是一般通用词典难以做到的。

2.3 语义聚簇

规范数据的关联化，有助于构建一个便于用户完成知识探索研究的知识网络，关联数据机构利用数据集间的关联关系对多个来源的数据进行聚集。VIAF关联数据集就对来自各个国家地区图书馆的规范档进行匹配聚簇，构成了其数据集中的聚簇。由于图书馆的公益性质，使其提供的基于规范档的关联数据集不仅免费为全球用户使用，而且能提供客观、公正和可信的规范信息服务。探索中文名称规范档与VIAF关联的首要问题是四个中文规范档中异源异构的规范记录的基于实体的匹配聚簇。下面分析VIAF关联项目中的两个历史案例的聚簇算法、VIAF聚簇运营情况的更新以及与Wikidata的外部连接等，为国内中文名称规范档记录的聚簇及预期不久与VIAF的关联，探索可行的路径并提供参考借鉴。

2.3.1 VIAF 初期项目分析——连接德意志图书馆和美国国会图书馆的规范文档

联机计算机图书馆中心（OCLC）研究员贝内特等（2006年）报告了虚拟国际规范文档初期项目——连接德意志图书馆和美国国会图书馆的规范文档的关联机制，该项目证明自动化关联不同国家图书馆的规范文档的可行性。[7]

项目的输入为两个规范档美国国会图书馆规范文档（LCNAF）和德意志图书馆规范文档（PND）。两个规范档的规模如下，2005年底，LCNAF 包含 420 万条的个人名称规范记录，对外提供 930 万条书目记录；PND 文档包含 260 万条规范记录，关联德意志图书馆（DDB）和巴伐利亚图书馆联盟（BVB）书目记录。

该项目的主要贡献是开发了一个自动名称匹配算法，采用增强型规范记录进行两个机构的记录的自动匹配。增强型规范记录首先抽取规范记录标目中的名称和出生日期，再加上信息源 670 域中的题名字段和相关的书目记录 700 域。书目记录中包含题名和国际标准书号（International Standard Book Number，ISBN）等作品信息和载体表现信息，ISBN 的匹配可以确定支持个人是同一个人。另外合著者信息在不同国家不同语言的规范档中，题名匹配有困难时，可以提供非常重要的匹配信息。利用所有这些信息创建衍生记录，再与规范记录合并生成增强规范记录，成为后面匹配的主要依据。

项目建立增强规范记录的情况的统计如下：LC 规范规范记录 420 万条，有 380 万条（90%）可以被增强，其中 260 万条（60%）用书目记录中的信息得到增强，对应得到的书目记录 740 万条，其他通过发掘规范记录的信息源 670 字段得到 410 万个题名信息进行增强；PND 共有规范记录 260 万条，只有 200 万条（80%）从书目记录得到增强，剩余 40 万条（16%）从规范文档抽取题名得到增强。

根据增强型规范记录提供的匹配信息，匹配算法分如下 3 个阶段：

（1）名称匹配的确认，名称必须是兼容的，即姓必须相同，名称不冲突。

（2）利用补充信息确认匹配，规则如下：

①名称/题名对在两个文档相似的可以是推出同一个人；

②日期与同一人匹配正向相关，日期相差超过一年，拒绝匹配，一年内的差别要进一步利用其他附件信息匹配。

③基于增强规范记录的匹配点的比较匹配。增强规范记录的每一个元素被看作一个匹配点。匹配点被分为强、中和弱三类。强匹配点有题名、ISBN、生卒日期组合、合著者,一个强匹配点足以确认这些人是同一个人;中匹配点有出生日期、出版社、主题、个人对作品的责任角色,多个中匹配点的组合共同确定一个名称匹配。弱匹配点有语言、主题范围、国家,区分作用很小。

④基于匹配点组合的比较匹配。为了组合匹配点,给每个匹配点分配计分,分两类计分方法:精确匹配点计分为 1(匹配)或 0(不匹配),如 ISBN;对于相似度判断的文字计分点,采用强、中、弱三连计分技术。给每个检索点分配计分后,汇总检索点计分,如果总分超过规定的阈值,匹配就被确认,而阈值需要在运行实践中不断调整。

(3)匹配结果的表示。连接规范记录的表示在 VIAF 记录的 700 字段,当算法确定一个匹配后,两个连接款目都被加入到 VIAF700 字段中,如果名称不匹配,只有一个款目加入到 700 字段,另外一个款目加入另一个 VIAF 的 700 字段。

项目在实践中发现了规范档存在不利于匹配的共性问题。不同的国际编目机构确立名称的形式经常不同,同一个人有不同形式的名称,同一个名称用于不同的人,造成不同规范文档间的名称难以可靠匹配;同时不同的规范文档的覆盖面有很大不同,只有一小部分的个人名称同时出现在多个文档中,所以必须用名称以外的附加信息来提高匹配的可靠性。领域公认出生日期与去世日期的组合足以区分同名的个人,但是很多记录中这些日期的缺失影响匹配的准确度。

该项目的两个规范档匹配过程还多次出现如下问题,一个文档的规范名称匹配了另一个规范档的多个规范名称,VIAF 是一对一连接,多个匹配是不能确认的。造成多重匹配的原因如下:这两个规范档中,PND 中存在大量的未区分记录,把相似名称的多个实体放在一个规范记录未加区分;DDB 解决办法根据增强规范记录中著录的与 LC 匹配的题名,区分多重匹配的名称,剩余部分用人工处理,修正后进入 VIAF,并在匹配的记录间建立显式的连接。而 LC 中又存在同一个实体根据视角不同,分别建立多个记录对应同一个人的过度区分问题。这种过度区分的记录也产生问题,还没有完全令人满意的解决方法。

为了估计匹配算法的精确性和有效性,项目请 DDC 和 LC 的资深规范编目员人工对两个样本评估。第一个样本评估两个规范文档间名称的重合度,哪些部分名称对可以通过自动算法得到匹配;第二个样本用于寻找系统性错误缺陷,改进匹配算法并估计总体错误率。

第一个样本从 DDB 的个人名称数据库 PND 随机抽取的 391 个规范记录，采取自动和手工方法与 LC 匹配实验，产生共同姓氏的名称对 74 000 个，自动算法匹配了 79 个 PND/LC 名称对，人工检查确认这 79 个匹配都是正确的；人工检查又找到 35 个 PND 规范名称匹配 LC 名称，但没有通过自动匹配算法的确认。估计推理结果是 30% 的 PND 规范记录名称在 LC 中也出现，自动匹配算法能自动联结其中的 70% 匹配。将随机样本外推到整个 PND 的 260 万条规范记录，得到两个规范档中共有 80 万个共同名称，自动匹配可以识别 55 万个。研究发现如果只采用姓氏，完成每个匹配，大约需要 1 000 个名称对进行匹配运算。改进为名字和限制日期组合后，得到一个确认匹配，只需要 4 个名称对进行匹配运算。

第二个样本评估调整初始阈值。发现计分接近阈值部分的记录的匹配错误率远远高于远离阈值的记录的出错率，大多数通过确认的匹配，其计分值远远高于阈值。算法根据计分将整个样本分为 4 个子样本，有助于区分适合自动匹配和人工干预的记录样本，把需要的人工干预降到最小范围。

该连接项目使 PND 获得很多好处，两个文档的自动测试过程中，使得 PND 能有大量的记录更新修正。DDB 期望通过增强记录中的匹配题名使得各个名称区分得到更多支持。项目演示结果表明，自动连接两个国家规范档的个人名称是可行的，而且以下办法可以提高匹配效率。

（1）用书目记录中的信息补充初始规范记录将显著提高匹配率。

（2）由于 670 字段语法分析失败而产生许多错误匹配，所以要减小语义分析编程的复杂度，降低产生错误结果的概率。

（3）使用规范名称，少用简略名称，用显式外部记录号直接连接书目记录，对改善匹配都有显著作用。

下一步 VIAF 将计划采纳 Unicode 字符集，使系统可以处理非罗马字符，这可以增加大量新的机构。但是非罗马字符的匹配算法是一个挑战，特别是对中、日、韩表意文字的匹配处理更加困难。这正是本书第 3 章建立中文名称规范记录聚簇的主要目的，并在此基础上建立中文人名规范档与全球关联规范数据的关联与共享，加强中文个人名称规范档的可用性。

2.3.2 VIAF 周期性关联实践的算法流程及歧义处理

希基和托维斯（Hickey & Tovesj, 2014）继续研究 VIAF 如何利用参与机构提供的 13 000 多万规范记录和书目记录，在其基础上挖掘记录及实体间的关系创造出新的事物 VIAF 聚簇和连接。项目聚焦 VIAF 聚簇和关联过程算法的一系列步骤中，歧义可能产生的地方，以及针对歧义的处理方法。[9]

　　VIAF 的聚簇方法有许多创新的方面，其聚簇采用被称为"逐步精进"的多阶段处理方法，先采用相当宽松的匹配把所有可能的候选记录收集到一起，接着利用从粗糙聚簇到比先前更具丰富信息的决策中一点点收集的信息，逐步把他们带入到最终完成品聚簇。另一个创新的方面是聚簇过程使用了从所有记录挖掘的所有信息，更赋予 VIAF 针对聚簇匹配算法改进和周期性新数据加入的反应能力。最后，由于 VIAF 的规模，给图书馆提供能力使用计算机自动过程分析和使用规范关联数据。VIAF 聚簇方法及遇到的问题对其他规范数据的聚簇关联有很强的借鉴意义。分析 VIAF 的逐步精进的多阶段的聚簇处理方法，在每个阶段各环节都可能引入歧义。

　　第 1 阶段，创建 VIAF 处理的规范记录，为规范记录关联挖掘尽可能多的信息供下阶段匹配使用。这一阶段的具体处理详见表 2-2。

表 2-2　创建 VIAF 处理的规范记录的具体步骤和可能带来的歧义

步骤	处理	可能产生的歧义及原因
1.1	按月收割规范记录和书目数据，做摘要	源规范档带来的歧义，同一记录以不同控制号发布，或者一个控制号被重用到第二个实体
1.2	为规范记录查找对应的书目记录：根据名称的独特字符串、名称类型、甚至是数字型的控制号进行匹配	有的规范档包含不可区分的规范记录（一条记录不一定对应单个人）可能匹配其他规范档内的多条记录，不符合 VIAF 的一对一匹配原则。该歧义在后续阶段处理
1.3	对单个规范文档的规范记录之间存在隐含的链接显式化。例子：一条笔名记录有一个到表示相关实体的另一条记录的交叉引用，且交叉引用是对称的	这些连接大部分是基于字符串相似，而不是严格的标识符匹配，连接可能含有歧义
1.4	创建 VIAF 的处理规范记录，产生可能多的匹配信息。第 1.2 步规范记录和对应的书目记录建立关联后，每条记录内挖掘所有对名称匹配有用的信息，包括名称的各种变形、名称相关日期、出版相关日期、题名、出版社、共同作者、ISBN 号及其他识别符。这些挖掘出的信息合并到初始的规范记录产生 VIAF 处理记录	每种文档抽取数据需要不同的规则集；而且规范记录的题名信息经常包含在自由文本的注释域中，识别例程要具体定义；算法还需要支持 MARC21、UNIMARC、MADS 和 XML 多种格式输入。这三方面处理的复杂性产生如下歧义：从自由文本提取日期信息的格式错误、名称的姓名倒置错误以及日期名称混合未分割等问题

第 2 阶段，匹配阶段，具体包括：记录成对匹配；单个规范文档内的复制记录归并为一个结点；把成对匹配的结果放入网络图处理，去掉带来不兼容的连接，对每条记录结点到另一个规范档的多个连接，按连接强度比较，只保持最强的连接，去掉强度较弱的连接，控制一个组内的节点个数；查找并标出网络中的所有全连接的网络子图，作为基础组，并多次反复迭代在这些组间添加比较可靠、强度超过一定阈值的连接，划分更一致的组作为 VIAF 的聚簇，每个聚簇分配一个簇号。第 2 阶段的具体过程和作用详见表 2 – 3。

表 2 – 3　　　　　　　VIAF 匹配阶段的具体过程和作用机制

步骤	具体过程	作用机制
2.1	不同规范文档间记录的成对匹配：按照姓相同把个人名称记录收集在一起以供匹配，要求名称兼容且相关日期不冲突。在成对连接上标出连接的类型，连接强度从强到弱，强制连接→最可靠→字符近似的名称连接。对匹配系统附加必要人工干预，创建多条增加的规范记录（Xa）处理混合记录，分别与其相关的源规范记录连接	随着 VIAF 的规模增长，网络效应在算法中得到体现。一个文档的不同形式的可选名称的加入，可以带来多个其他文件的匹配记录。在强制链接外，个人名称的最可靠连接包括名称/题名近似和出生日期/去世日期匹配；在无歧义的情况下，允许单出生日期匹配。关联障碍 1：稀疏记录及其产生的单记录聚簇。歧义 1：名称成对兼容的推理可能带来整体的歧义。T. B. Hickey 和 Thom Hickey 匹配，而 Thom Hickey 和 Thomas C. Hickey 匹配。但 T. B. Hickey 和 Thomas C. Hickey 名称不兼容，整体包含歧义
2.2	查找文档内的复制品记录并归并	许多 VIAF 成员的规范档，本身又是由其他规范档的合并，这些贡献成员尽最大努力消灭冗余，还存在相当数量残留冗余，后续造成一对多匹配，违反 VIAF 原则
2.3	把 2.1 成对连接的记录组归集到网络图中，组成多个不连接的组。对结点过多的连接组，用启发式消减各连接组内过多的结点个数	最主要的一条建议是如果一条记录连接到另一个规范档的多条记录，只保留强度最大的一条连接（该结点可能第 6 步复制品合并导出的一个合并结点）。一条记录连接另一规范档的两条记录，一个基于名称+题名匹配，另一个名称+两个日期匹配，则第一个连接被截断。歧义：放弃有可能丢失有用的重要连接信息

续表

步骤	具体过程	作用机制
2.4	利用网络图方法，划分组到更一致的簇：在某个时间取所有连接的组，查找其中最容易引起歧义的连接，截断去歧。 在连接组内寻找有3个以上结点的完全连接子图。 按照以下标准，选择最强匹配的完全连接子图对连接，重复选择，直到没有子图对可以连接	完全连接子图对选择连接标准：子图对之间连接最强的；子图对间的连接数量；基于匹配强度、题名近似度、结点类型和名称近似度的组合量度；该结点是否是个人名称。 这部分算法是 VIAF 算法重写更新最多的部分。应用从 VIAF 的各种实践中磨炼出来的一系列启发式建议。应用顺序的轻微改变、相似度量度的小的改变都可能造成记录最终簇的改变，记录收集的非同步性，算法必须小心应用，确保不同次运行结果的一致性。 在计算子图最佳对的过程中，要均衡各方面考虑而且多次迭代，既要防止聚簇进入不相容的结点；又还能发现关系紧密的组需要合并
2.5	对聚簇分配 VIAF 控制号，必要时在聚簇间创建关联。 维护合并、分开和废除的历史聚簇信息	VIAF 聚簇是由成员规范记录导出，绝大多数是稳定，还有很多会随着源记录的新改变和匹配算法的改变而分开或合并。VIAF 聚簇是流动的，簇控制号可以增加，废除以及重启动先前废除的控制号

　　VIAF 项目对其他关联数据的启示：作为 VIAF 建立基础的规范文档建立了受控实体及实体间的关系，可以看作是关联数据的早期样本。OCLC 内部把 VIAF 放到关联数据。VIAF 的源规范文档包含了大量规范控制处理的文档，关联的书目记录是图书领域专业人员创建并经过审查和修正的。这些数据的维护尽管都投入了大量的努力，但还可能存在歧义，需要进一步采用领域独立和领域依赖技术的混合方法，成功解决许多这类问题。从 VIAF 的经历外推可以预期，关联数据的普遍推广也会遭遇许多相同问题，产生新的推论。跨领域解决问题非常困难，如果没有深刻的领域知识，要解决这些问题是很困难的。

　　VIAF 项目采用流动 ID 分配及聚簇更新机制。VIAF 整个匹配过程每个月重复进行一次，这样，由于匹配软件的改进和新信息（如增加题名、日期甚至共同作者）的改变，有些规范记录可以自由地从一个聚簇转移到另一个聚簇。这是一个实质性的优点，便于 VIAF 及时发现簇内问题，改进聚簇算法，立即提高聚簇的质量。

　　VIAF 最终结果记录是在底层来源规范记录之上的一个构造物，VIAF 聚簇如同数据库系统中从基础表导出的虚拟表记录，VIAF 不提供直接编辑记录的选项，

VIAF 记录的改变必须通过对源记录的改变进行，也正是在这种意义上 VIAF 聚簇是给 1 个虚拟的（virtual）不可直接编辑的规范记录。这一点与 Wikidata 所有用户都可以编辑数据不同。

VIAF 最终结果表示采用轻量集—统一资源标识符（COOL_URI）表示每个实体及其描述，例如用 http：//viaf.org/viaf/77390479 表示个人类型的实体 Tillett，Barbara B.，而用 http：//viaf.org/viaf/77390479/表示个人实体的网络资源，实体及其资源差异仅仅是第二种表示最后多一个左斜线，这种表示方式符合 W3C 的关联数据的标准。

对于偏好使用自己熟悉某个来源机构规范档如国会图书馆名称规范档（LC-NAF）的用户，VIAF 的 URI 模型提供了非常友好的重定向链接功能，方便这类用户。他们可以很方便地从来源机构的规范记录的控制号重定向到该记录所在的 VIAF 聚簇资源，提高来源机构规范数据的使用性能。例如 LC｜n 79089957 的美国国会图书馆规范记录标识符构造 URI：http：//viaf.org/viaf/sourceID/LC｜n79089957 可以重定向到 LC 规范记录所在的 VIAF 聚簇的资源网页。本书第 4 章就利用重定向功能，利用中文规范记录中的外部记录号重定向到 VIAF 聚簇。

2.3.3　VIAF 独立网站服务开通的运营分析

OCLC Research 领导的 VIAF 研究项目在 2012 年底正式在 VIAF 网站对所有用户提供服务，首席科学家希基对项目应用进行一系列的跟踪研究。希基等（Hickey & Young，2012）描述 VIAF 数据集、VIAF 协作发展项目的进展。[85] VIAF 组合多个图书馆规范档成立的单一名称规范服务，为给定实体（人名和机构）挖掘和聚簇多种名称，并链接到对应的源记录，并为每个聚簇分配唯一网络标识 URI。数据集的构建应用了 OCLC Research 开发的高级算法，是一个正在进行中 OCLC 和许多国家图书馆、其他图书馆领军者协同的项目。VIAF 数据集可在关联数据词表 VOID 获取，受到 Freebase 的影响。VIAF 创建方法及更新：OCLC 每月一次从来源机构接收规范档及相关的书目记录，从收到的书目数据直接提取描述实体的元数据，与 OCLC 下属机构 WorldCat 这个世界最大的图书目录集成，再合并为关联记录，这些增强的关联记录通过一个匹配程序，去掉歧义错误，从匹配记录建立聚簇。当新的聚簇得到合并时，记录控制号 ID 被重定向 Web 服务 API 得到更新维护。

VIAF 根据 Google statics 分析，每个月 VIAF 接受访问 5.5 万次，3 万访客访问 36 万个页面。VIAF 数据集建立来自 20 多个来源机构的信息，包括各 2 500 万规范记录 11 000 万书目记录，从 2 500 万的规范记录建立了 2 000 万个 VIAF 聚簇，发现源记录间的 2 400 万个连接。2 000 万的聚簇及其链接来源记录在 HTML 页面可以获取，但只有聚簇可以通过工具批量下载。

VIAF 具有丰富的外部连接，除了因为聚簇创建的 2 400 万链接外，VIAF 创建了 3 400 万 owl：Sameas 连接和 850 万 skos：exactMatch 链接，包括 30 万到 DBpedia 的链接。

2.3.4　VIAF 与 Wikidata 的结合实践与发展趋势

VIAF 与 Wikipedea 系列数据有紧密的关系。希基 Hickey（2015）在图书馆元数据技术及趋势中研究 VIAF 与 Wikidata 的互操作。[86] VIAF 长期以来一直与 Wikipedia 交换数据，产生的结果连接被广泛研究使用。VIAF 初期只能从英文 Wikipedia 收获数据，丢失了名称、标识符和其他非英文 Wikipedia 页面的信息。但幸运的是 VIAF 与 Wikipedia 协作遇到的上述问题也正是 Wilipedia 自身在不同语言版本间共享数据遇到的问题。Wikidata 是 Wikipedia 对此问题的解决方案，从 VIAF 的视角看，Wikidata 本质上比仅仅的 Wikipedia 页面更为优秀，VIAF 除了可以为名称收集到更多的题名，还正在发现英文页面没有出现的 100 万的名称，与 VIAF 源文件匹配的名称已经从 440 万增加到 800 万，翻了一番。

在重测试中，VIAF 同时从 Wikidata 收获更多的机构组织名称，其中一些正是 VIAF 一段时间以来一直想要的内容，从其中添加了 30 万的名称。VIAF 获取进步有：更少的英文产生的偏见、更多的实体、更多关于实体的编码信息、更多非拉丁文形式名称。

VIAF 转向 Wikidata 使 VIAF 的用户界面的可见内容发生改变，VIAF 到 Wikidata 页面连接替换了到 Wikipedia 页面链接，改变了 WKP 图表，例如名称 Jane Austen 的 WKP 图表的标识符由 WKP｜Jane_Austen 变为 WKP｜Q36322。

大家广泛使用的 VIAF 批量文件 links 文件记录了 VIAF 标识符和源记录间的连接，这些连接包括外部连接，Wikipedia 页面个体与 Wikidata 的 WKP 标识符一同显示，如下例子是下载 Lorcan Dempsey 的 links 文件，原来文件为：

http://viaf.org/viaf/36978042　　BAV｜ADV11117013

http://viaf.org/viaf/36978042　　BNF│12276780

……

http://viaf.org/viaf/36978042　　WKP│Lorcan_Dempsey

http://viaf.org/viaf/36978042　　XA│2219

改变后的 links 文件为

http://viaf.org/viaf/36978042　　BAV│ADV11117013

http://viaf.org/viaf/36978042　　BNF│12276780

……

http://viaf.org/viaf/36978042　　WKP│Q6678817

http://viaf.org/viaf/36978042　　WKP│http://en.wikipedia.org/wiki/Lorcan_Dempsey

http://viaf.org/viaf/36978042　　XA│2219

本书第 3、4、5 章研究的国外关联数据集 VIAF 和 Wikidata 都是名称集最为丰富两个数据集,VIAF 控制的传统图书馆数据集与 Wikidata 控制的数据集只有少量的共同格式名称,VIAF 有很多的名称变形和笔名,Wikidata 有更多的语言种类名称;VIAF 的体积更大,3 500 万个人/机构,Wikidata 有 270 万个人和 100 万机构。只有 50 万的 Wikidata 个人/组织与 VIAF 共同引用,许多结论可以从共同引用分析得出。

2.4　基于主题模型的语义化

早期的文本挖掘研究主要采用向量模型和统计语言模型方法,随着数据挖掘理论的发展和计算机技术的提高,人们开始使用潜在语义作为文本的表达方式研究。其中潜在语义是 LDA 主题模型的核心思想。最初的模型是潜在语义索引(Latent semantic indexing, LSI[7])模型,使用奇异值拆分将语料库对应的文档—词汇矩阵 $A_{t \times d}$ 拆分为三个矩阵:

$$A_{t \times d} = T_{t \times n} S_{n \times n} (D_{d \times n})^T$$

其中 T 矩阵表示词汇和潜在语义的关系,S 矩阵表示语义之间的关系,D 矩阵表示文档和语义的关系。

LSI 模型在文档和词汇间引入语义维度,但语义维度的解释比较困难,无法使用观测数据来优化语义抽取过程。哈夫曼（Hufmann）提出基于概率统计的 P – LSI（Probabilistic Latent Semantic Indexing）模型，每个文档有特定的在主题的概率分布，每个语义主题对应一个在词汇上的概率分布。[8]该算法在语义可解释性和算法复杂度上都比 LSI 优化，但是 P – LSI 的估计参数个数随着训练集规模现行增加，产生过拟合问题。

2003 年，布莱将贝叶斯后验概率思想引入 P – LSI，提出 LDA 主题模型。该模型用一个服从 Dirichlet 分布的 K 维随机变量表示文档的主题概率分布，用后验概率参数估计方法给出文档主题的概率分布，解决了 P – LSI 模型的过拟合问题。布莱的 LDA 模型包括输入、假设、模型表示、参数估计和新样本推断 5 个方面等。[21]

2.4.1 LDA 输入

LDA 的输入包括文档集合和主题数 K，主要是文档集合，它一般表示成词项文档矩阵，主题数 K 需要根据经验和其他方法导出给定的输入。例如对 5 篇的文档构建的词项文档详见表 2 – 4。

表 2 – 4　　　　　　　　LDA 的词项文档矩阵实例

词项＼文档	d1	d2	d3	d4	d5
欧盟	1	0	0	1	0
德国	0	1	0	1	0
制造	0	1	0	0	0
人代会	0	0	1	0	0
大学生	0	0	0	0	1
医疗	0	0	1	0	0
健康	0	0	1	0	0
企业	1	0	0	1	1

2.4.2 LDA 的假设

LDA 的假设是词袋假设，即模型中词的顺序是可交换的，也就是与词的顺序无关。该假设在 LDA 的扩展中被放松，例如可以集成语法语义一体的 STM 扩展模型和与前一个主题词的相关的 CTM 模型等。

2.4.3　LDA 的图形表示与生成模型表示

LDA 的图形表示如图 2-4，方框表示其中的内容是重复进行的，右下角数字表示重复次数。空心节点表示隐含随机变量或参数，带阴影节点表示观测值，箭头表示条件关系。其中 α 是 θ 的超参数，θ 表示某一篇文档的主题概率分布，共 M 个概率分布，β 是 K×V 的参数集合，K 为主题个数，V 为词表的词项个数，ω 为文档中的词取样，z 为 ω 对应的主题，是在某个 θ 条件下的生成的主题。

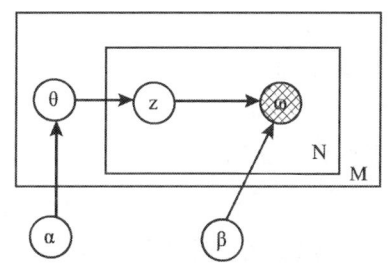

图 2-4　LDA 的图形模型

LDA 的生成模型表示如下：

　　对文档集合的一篇文档选择主题概率分布：θ ~ p(θ|α)
　　{对文档中的每个单词重复如下过程：
　　　{选择一个主题 z ~ p(z|θ)；
　　　生成一个单词 w ~ p(w|z, β)

2.4.4　LDA 的参数估计

LDA 模型中最重要的两组参数是各主题下的词项概率分布矩阵 β 和每篇文档的主题概率分布向量 θ，也是 LDA 最终的输出结果。参数估计是生成过程的逆过程，在已知文档集的文档词项分布情况下，通过参数估计，得到参数值。为参数估计选择最优化的目标函数一般为整个语料的概率值。目标函数 p(D|, α, β）表示为：

$$\prod_{d=1}^{M}\int p(\theta_d|\alpha)(\prod_{n=1}^{N_d}\sum_{z_{dn}}p(z_{dn}|\theta_d)p(w_{dn}|z_{dn},\beta))d\theta_d$$

其中 D 代表所有文档集合，N_d 表示某一文档 d 内的单词个数。θ_d 表示文档 d 的主题概率分布，W_{dn} 表示第 d 篇的第 n 个单词，z_{dn} 表示 W_{dn} 的主题。通过对目标函数最大化估计参数 α，β 的值。

通过期望最大化算法 EM 估计参数，EM 使用迭代不断修改参数直到达到局部最优点，每次迭代使用现有参数推断隐变量的后验概率分布，对参数重新估计得到一个新的模型，反复直到算法的目标函数收敛。

EM 算法概率模型包括：隐变量集（主题变量集）Z，观测值集合 X，参数集 θ；得到使 $p(X|\theta)$ 目标函数最大时的 θ。

2.4.5 LDA 的新样本推断

模型训练完成后，即获取了 θ 和 β 的参数估计后，就可以用训练好的主题模型推断新的样本的主题分布，将高维词项空间表达的文档转换到低维的主题空间。

通过对主题模型的分析，我们期望把 LDA 模型及其变形结合到本书第 7 章的基于主题的中文个人规范记录中的主题抽取，得到规范记录信息更加丰富的低维的结构化表示。

2.5 异构知识库的实体定义与识别

2.5.1 使用 RDF 模式定义知识库的实体、属性及实体间的关系

资源描述框架（Resource Description Frame，RDF）实质上是一种适合网络数据描述的数据模型，它由一系列的陈述的三元组组成，每个陈述为包括主语—谓词—宾语的三元组，通常用来表示一个事实（fact）。三元组中的主体表示知识库中某类实体的一个实例，对应于数据库表中的一行，一个对象有 n 个属性描述，对应于数据表中的每行 n 列的值，需要用 n 个对象相同的的三元组来表示。例如

表2-5的表格数据用RDF三元组表示,详见表2-6。

表 2-5　　　　　　　　　中国科研人员信息表

编号	姓名	出生年份	性别	工作机构
1	潘建伟	1970	男	中国科学技术大学
2	屠呦呦	1930	女	中国中药研究院
3	…			

表 2-6　　　　　　　科研人员信息的 RDF 三元组表示

主语	谓词	宾语
第1行	姓名	潘建伟
第1行	出生年份	1970
第1行	性别	男
第1行	工作机构	中国科学技术大学
第2行	姓名	屠呦呦
第2行	出生年份	1930
第2行	性别	女
第2行	工作机构	中国中药研究院
…		

在表 2-6 中,前 4 个三元组的主语都是第一行,表明这 4 个三元组都是关于同一个科研人员的信息,在网络上根据 W3C 的标准需要用知识库中该科研人员的统一资源定位符 URI 来表示。例如在 Wikidata 中描述潘建伟的数据资源的 URI：https：//www.wikidata.org/wiki/Q9309270,该页面如图 2-5 显示关于潘建伟的多个三元组陈述。

如果按照完整 URI 来表示 RDF 三元组的陈述 statement,三元组中的每个元素都可能是很长的字符串,对于机器自动处理是非常容易,但是对人类阅读却是极其枯燥和烦琐的,下载的该页面的 RDF,人类阅读起来很是困难。例如第二个三元组的 RDF 完整表示如下。

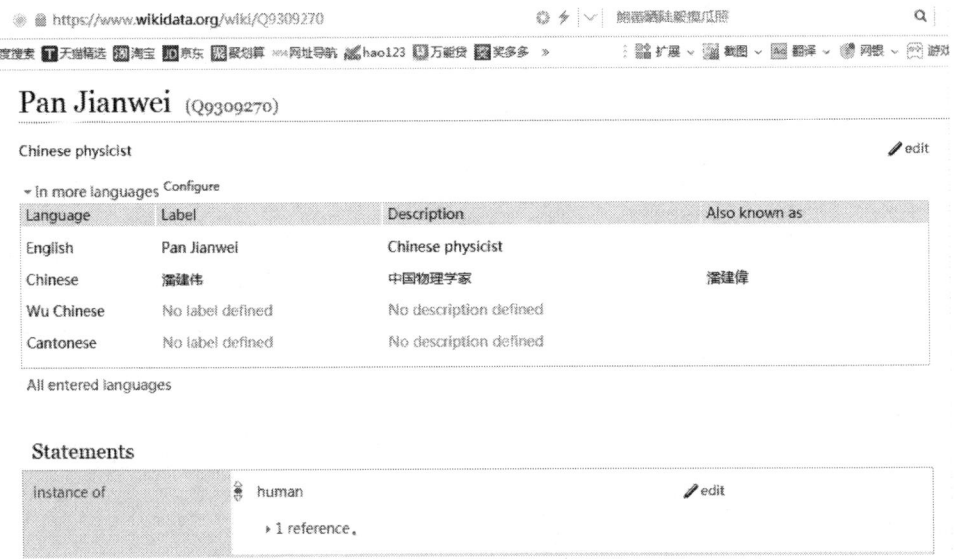

图 2-5 潘建伟在维基数据中的 URI 页面

https://www.wikidata.org/wiki/Q9309270

https://www.wikidata.org/wiki/Property:P569(dateofbirth)

1970^^http://www.w3.org/2001/XMLSchema/#date.

由于用户在表示模型打印详细的冗长 URI 非常烦琐，所以人们通常使用 URI 简写模式。在简写模式中，URI 表示包括两部分：命名空间和识别符，二者中间用冒号（：）隔开。三元组可以通过预先定义前缀，定义一个简短的名称代替 URI 相同部分为命名空间，命名空间一般用来表示数据或词表的来源机构的 URI。例如上述三元组通过 RDF 文件开头的 prefix 前缀定义，在后面文件用名称 wkd 代替 http://www.wikidata.org/wiki，用 wkdp 代替 https://www.wikidata.org/wiki/Property#，用 xsd 代替 http://www.w3.org/2001/XMLSchema/#，上述三元组可以简化描述为：

wkd:Q9309270　wkdp:dateofbirth　　1970-3-11^^xsd:date.

进一步简化上述的 RDF 表示。由于建模在语义网基础的知识库中，命名空间 URI 的替代字符并不重要，所以在大多数知识库的 RDF 表示中，在整个系统中最常使用一个单一的命名空间为系统缺省的默认的命名空间，只简略地用冒号：表示这个系统默认的命名空间。例如假定本书知识图谱知识库的 URI 为默认的命名空间，知识库中潘建伟的识别符为 00001，而且关于个人的属性（谓词）

的命名空间用 Kgp 表示,关于潘建伟的 RDF 的三元组可以表示如下:

:00001　　Kgp:Name　　　　潘建伟.
:00001　　kgp:BirthDate　　1970 - 3 - 11.
:00001　　Kgp:Sex　　　　　男.
:00001　　kgp:Workgor　　　中国科学技术大学.

2.5.2 命名实体知识图谱的类层次定义与实例构建

本书研究科研领域命名实体的知识图谱构建,一方面由于该知识图谱包含的实体结点数量巨大达到百万级甚至千万级,其中的属性关系的定义描述工作量更大,而且实体标识属性关系信息要求遵守一定的规范控制,并且具有可靠的来源和较高的可信性,所以本书构建知识图谱采用现存的名称规范记录档数据库、百度百科的知识库,参考虚拟国际规范档、百度百科作为基础,从这些异构的知识库自动化的识别中文科研领域的个人、作品、团体等实体,进行异构知识库之间的实体对齐的方法构建知识图谱。

命名实体的知识图谱的定义如图 2 - 6 所示,包括三个层次:资源描述框架模式层 RDFS、词汇层 vocabulary 和数据层 data。

资源描述框架模式层是术语层具体概念类、属性的元语言描述,是对术语层的进一步抽象,所有的具体概念类如:person、organization(rdf:type)用虚线的箭线定义为类 rdf:class,例如:person 类用虚线剪线指向 rdf:class,类型是 rdf:class 也是 rdf:Class 的一个实例;同时术语层具体的属性如:BirthDate 的类型定义为 RDF:property,该属性是 RDF:property 的一个实例。用三元组描述如下(属性的类型描述因为词汇层还要定义约束,所以放在词汇层描述):

:Person　　　　rdf:type　　rdf:class.
:Organization　　rdf:type　　rdf:class.
:NamedEntity　　rdf:type　　rdf:class.
xsd:date　　　　rdf:type　　rdf:Literal.
xsd:String　　　rdf:type　　rdf:Literal.

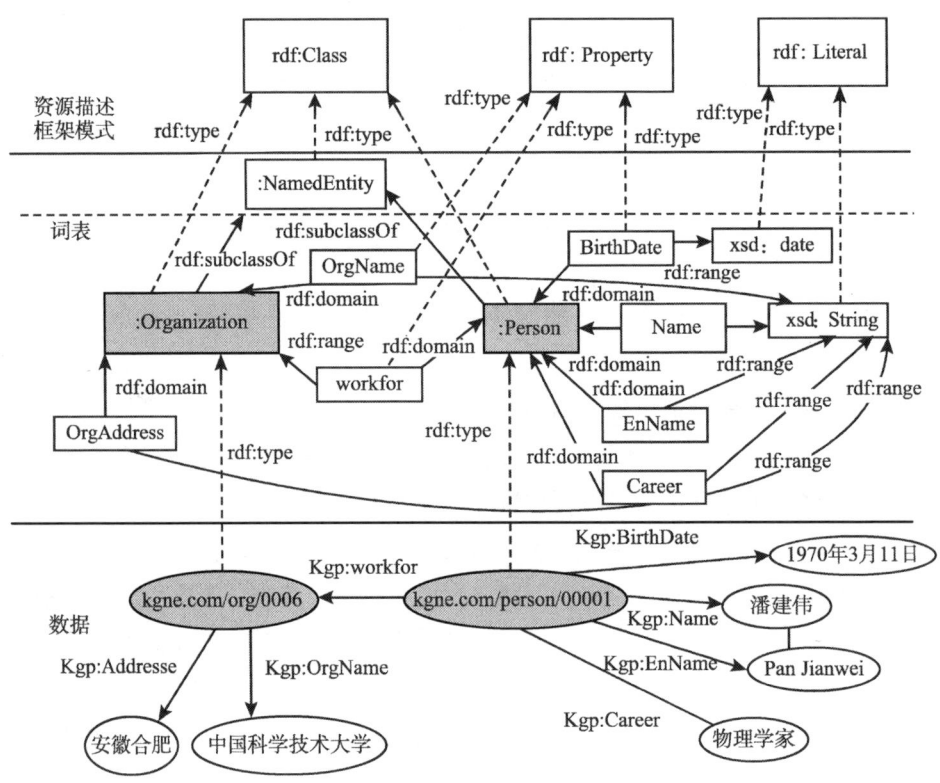

图 2-6 命名实体类层次定义与实例构建

词汇层用填充矩形框定义了知识图谱中具体的类，如：Person、：Organization 和：NamedEntity，这些是本书知识图谱的知识库默认的命名空间中的类，所以标识符类名前面没有命名空间的替代符，而只使用一个":"表示本书系统默认的命名空间。这三个类具有属性上位类 rdf：SubClassOf，表示类的层次继承关系；词汇层用白色矩形框定义了属性。属性通过约束定义域 Domain 和值域 Range 与类相关，用指向定义域和值域的实线箭线连接。例如：BirthDate，：Name 等等属性的定义为：person，值域可以是类或基本数据类型。属性也有上位属性 rdf：SubProperty 等语义关系，本书暂不研究。该层的语义用三元组描述如下：三元组可以使用紧凑表示方法。正常一个完整的三元组用实心圆点结束，下一行是另一个独立的三元组。如果一行三元组最后使用分号（；），下一行三元组将省略与上一行相同的主语，如下面的第三四行用分号结尾，下一行的主语共用的是前一行三元组的主语。

：Person rdf：SubclassOf ：NamedEntity.

:Organization　rdf:SubclassOf　:NamedEntity.

Kgp:workfor　rdf:type　rdf:property;

rdf:domain　:Person;

rdf:rangge　:Organization

Kgp:Birthdate　rdf:type　rdf:property;

　　rdf:domain　:Person;

　　rdf:rangge　:xsd:date.

Kgp:Name　rdf:type　rdf:property;

　　rdf:domain　:Person;

　　rdf:rangge　:xsd:String.

Kgp:Enname　rdf:type　rdf:property;

　　rdf:domain　:Person;

　　rdf:rangge　:xsd:String.

Kgp:Career　rdf:type　rdf:property;

　　rdf:domain　:Person;

　　rdf:rangge　:xsd:String.

Kgp:OrgName　rdf:type　rdf:property;

　　rdf:domain　:Organization;

　　rdf:rangge　:xsd:String.

Kgp:OrgAddress　rdf:type　rdf:property;

　　rdf:domain　:Organization;

　　rdf:rangge　:xsd:String.

许多公开的词汇表如 W3C 的 OWL 词表、FOAF 词表以及 Schema.org 都定义的普遍通用和专用领域的类和属性词汇，构建知识图谱的后来者直接利用或部分采用这些通用词汇表的类定义和属性及其约束定义，以更好地实现与通用其他知识库的信息交换和关联。很多知识库对自己构建的词汇建立到通用词汇表的映射，以便于通过第三方通用词汇表的映射，完成和其他异构知识库之间的关联映射。本书中构建的分类和谓词词汇大部分借鉴通用词表的词汇。

数据层用填充的椭圆框表示实体的实例，属性用带属性标签文字的实线箭线表示，箭头指向属性值。实例的类型用虚线箭线表示，指向所属的类。数据层语义用三元组表示如下：

kgne. com/person/00001　　rdf：type　　：Person；

　　　　　　Kgp：Name　　"潘建伟"；

　　　　　　Kgp：BirthDate　　"1970 年 3 月 11 日"；

　　　　　　Kgp：EnName　　"Pan Jianwei"；

　　　　　　Kgp：workfor　　kgne. com/org/00006；

　　　　　　Kgp：Career　　"物理学家".

kgne. com/org/00006　　rdf：type　　：Organization；

　　　　　　Kgp：OrgName　　"中国科学技术大学"；

　　　　　　Kgp：OrgAddress　　"安徽合肥".

数据层是知识图谱构建中各类实体的海量实例的构建工作，例如图中对：person 类实例结点 kgne. com/person/00001 的构建，需要对个人的每个属性赋值。数据层也是实例层，实例的多少表示知识图谱结点的个数，反映知识图谱的规模。很多知识图谱的个人实例个数达到海量数字，例如 Wikidata 的条目数达到 48 864 557 个，其构建需要花费大量的人力和机器计算能力，各个实例属性值的个数反映了知识图谱的知识密度。

2.5.3　中文命名实体的对齐

知识图谱领域研究实体对齐包括三个层面：实体分类体系对齐、实体属性对齐和实体的实例对齐，前两个层次属于本体层面的对齐，随着知识库实例数量的增加，实例对齐的重要性越来越得到人们的关注。

由于本书研究科研领域的实体，图书馆领域图书期刊是科研知识的载体，根据图书馆管理数据建设的名称规范档数据库是本体实体知识库的重要语料。本书知识图谱的实体分类体系首先参照图书馆名称规范档的实体分类中的个人名称、团体名称、题名名称为主要实体类型，而其中的个人名称又是实例数量最多的实体类型，许多网络知识库起源于维基百科全书，其中大多数是人员条目，与名称规范档中的个人名称进行映射，是本书研究构建的第一大类的科研实体；题名是科研作品的名称，在异构的知识库中也称书目名称、论文名称等，是科研领域个人实体创作的成果或产品，是科研领域知识图谱的第二类实体；团体名称也称为机构名称，来自个人作品的出版机构、个人实体从属或工作的机构、受教育毕业的机构以及科研知识产权的属主机构等，与个人的科研产品有重要的关系，是本书科研实体的第三个实体分类。

实体分类体系对齐的下一步是针对各类实体在异构的数据类，对同类实体的属性的对齐，属性对齐首先进行属性的文本相似度比较和数据值类型比较，如果文本的相似度超过规定的阈值，而且是同一种数据类型，就可以认为是同一个属性；对于文本相似度无法映射的属性，进一步把异构知识库的属性都映射到一个大家普遍认可的元数据集，典型的如 W3C 发布的 DC 元数据集，如果可以近似映射到同一个 DC 元数据属性，就可以在异构知识库的属性集间建立映射或 the Sameas 关联。

第三步是知识库实体对齐的底层的工作量最大的对齐工作，实体实例对齐。每个实体实例都拥有一个名称标识，要在异构的知识库中进行实体实例对齐，也就是要在异构的知识库对实例的命名实体进行识别和不同知识库间基本同一实体实例的映射、关联以及聚簇。

2.5.4 中文命名实体的识别困难

命名实体识别的主要难点在于，命名实体形式多变，命名实体的内部结构很复杂，对中文命名实体来说，情况尤其复杂。

人名一般包含姓氏（由一到两个字组成）和名（由若干个字组成）两部分，其中姓氏的用字是有限制的，而名的用字很灵活。人名还有很多其他形式，可以使用名来指代一个人，可以使用字、号等其他命名，也可以使用姓加上前缀或后缀以及职务名来指代一个人。例："杜甫、杜子美、子美、杜工部"都是同一个人，"李杜"则是一个简称。这个问题一般通过中文个人名称规范档的标目中的姓名和别名解决，但是不能解决两个人名的简称，如上面的"李杜"，是本书的知识图谱不能解决的问题，需要借助上下文的内容进行识别。

机构名可以包含命名性的成分、修饰性成分、表示地名的成分以及关键词成分等。例如：机构名"北京百富勤投资咨询公司"中，"北京"是表示地名的成分，"百富勤"是命名性成分，"投资咨询"是修饰性成分，"公司"是关键词成分。机构名内部还可以嵌套子机构名，例如：机构名"北京大学附属小学"中嵌套了另一个机构名"北京大学"。机构名中还有很多简称形式，例如："中国奥委会""北师大二附中"等。

地名是本书中进行个人名称实体识别的重要属性，需要对文本名称进行语义标注，识别不同文本名称的地名实体之间的语义关系。地名是机构实体的重要属性，甚至是有些机构名称的组成成分，分析机构名称的地名文本，并对应到相应的地理实体是机构名称识别的重要步骤。地名的通常形式是若干个字组成地名，可能包括作为后缀的关键字。也存在一些简称来指称地理位置。例如："湖北、湖北省、鄂"均是指同一个地方，又如："广州、广州市、羊城"也是指同一个地方。地名可以通过地理名称本体 GeoName 以及国内的省市县区的行政区域表联合识别，每个行政区域的标识包括全称、简称和别名。

2.6 小 结

本章梳理研究中所用到的相关基础理论知识，包括：

语义网的 RDF 语义描述方式及其与 RDB 的映射转换、语义描述的内涵概念、类的定义以及概念（类）之间的关系等；基于 FRAD 模型对名称规范档的语义处理，把规范记录的内容转换为 FRAD 定义的实体关系模型，给出实体—属性—属性值的 RDF 三元组语义描述，挖掘实体属性关系的语义，进行推理的公理系统，并引入 AI 领域在关系逻辑理论方面对本体、概念化的一系列概念定义和公理公式体系。

分析 Wikipedia 知识库研究项目 Wikidata 的结构特征，探索可用来帮助中文名称规范数据关联的类层次关系和本体语义化知识。

分析 VIAF 项目的语义关联项目的规范记录增强丰富方法及其所包括内容，匹配过程中遇到的困难和阻碍，算法的详细过程和每一步可能涉及的歧义解决。期望利用 VIAF 的聚簇方法及其巨大的关联数据集内丰富的知识可以帮助中文名称规范文档记录的聚簇算法的构建和改善。

分析文本处理领域的经典理论—主题模型 LDA 的理论基础，LDA 模型的概率生成过程表示和图形表示，LDA 的公式及其参数估计算法，借鉴该方法对中文个人名称规范记录的文本信息进行基于主题语义的主题词信息抽取。

本章最后一节参考知识图谱和语义网的知识，构建定义了命名实体的知识图谱的类层次的定义和实例构建，并用 RDF 三元组进行语义描述，并分析在此基础上的实体对齐问题以及实体识别对齐工作中存在的困难。

以上这些信息检索领域的基本知识应用在本书后面的各个章节，是本书研究的基础和重要参考。

第 3 章

基于个人属性表的中文个人名称规范记录聚簇[①]

个人命名实体是本书研究的命名实体知识图谱最重要的一类实体,在图中每个结点代表一个个人实体实例,是结点个数最多、属性和关系联系边最丰富的一类结点。研究中文科研领域的个人命名实体的基础语料来自于图书馆的书目文献管理数据、国家基金委的科学研究项目资助管理数据等。由于图书馆的书目文献管理数据的国际交流传统,数据管理遵从国际元数据管理规范方便用户共享。近年又规划加入国际图书馆协作组织—虚拟国际规范档,对其管理的数据进行了规范控制,建立了中文名称规范档。本书现阶段选取了中文名称规范档作为基础语料,首先比较图书馆的中文名称规范档与国际规范档的检索服务与实体识别描述的差别,进一步参考百度百科、维基数据等网络知识库丰富名称规范档中属性和关系信息,增加异构知识库实体识别的准确度和实体信息的丰富度。

3.1 名称规范记录与规范控制

名称规范档是根据规范控制规则,将名称信息按照统一的标目形式展现而形成规范档记录集合,旨在为用户查询名称实体提供更高效的途径。为了不同名称规范档资源之间的共享共建,由联机计算机图书馆中心、美国国会图书馆和德国图书馆等倡议国际规范文档关联项目 VIAF。2003 年,国内 4 家大型图书馆,国

---

① 本章内容基于作者发表的论文修改:王瑞云,贾君枝. 中文个人名称规范记录的实体匹配和聚簇. 国家图书馆学刊,2017,2:79-86.

家图书馆（NLC）、中国高等教育文献保障管理中心（CALIS）、香港地区大学图书馆协作咨询委员会（JULAC – HKCAN）和台湾汉学研究中心（CCS）协同成立中文名称规范协作委员会（CCCNA），致力于中文名称规范档的共享使用。其所提供"中文名称规范一站式"查询系统（CNASS），可实现对各种中文名称规范数据的查询。

CNASS 采用的模式是各家单位在物理空间上独立建库，通过网络环境来共享数据的分布式模型。系统仅仅将各个机构之间查询结果合并显示，重合记录没有处理，单个库内及多库之间同一个人的记录没有聚簇，为用户的使用带来了极大的不便利，阻碍了与国外其他名称规范档的关联，成为当前中文名称规范档与VIAF 关联进行聚簇匹配的一个最大问题。

3.1.1 CNASS 结果集记录未聚簇的问题分析

当用户在 CNASS 系统检索中文名称"王涛"时，并且选择个人名称选项，获得的检索结果如图 3 – 1 所示，检索结果集包含了 4 个来源库的 169 条记录，全部检索结果显示需要 9 页。如果要选择某条记录，点击链接进入详细内容页面查看。如果再要对比查看其他记录，需要返回结果页面的开头，必须记住刚才查看记录是哪条记录，再在总体中寻找下一条目标记录，相当不方便。留给用户分组工具只有对来源库的分组，但是记录最多来源库 NLC 也有 89 条记录，占 4 个页面分页，用户需从中找到需要的记录，还是很困难。针对这种检索结果提出了本章研究的问题，这 169 条记录是重名的不同的 169 个人吗？是否有不同规范档的多条记录表示的是同一个人？单个机构如 NLC 的 89 条记录中，是否有多条记录表示了实际的同一个人？

同上，在 VIAF 检索中文名称王涛的结果如图 3 – 2 所示，结果出现了 13 个聚簇，远远小于 CNASS 的结果集条数，有利于用户在结果集中的进一步选择。虽然 VIAF 个人名称可能没有覆盖所有名称，但是对于影响较大的个人，基本都覆盖到，而且在后面每个月的定期更新中，还会实时更新添加新的重要名称聚簇。VIAF 结果在形式上不如 CNASS 整齐，但是却极大地降低用户在大量结果记录中选择的困惑。VIAF 每个聚簇中聚集多条不同来源机构的记录，最大的聚簇中聚集了 13 条记录，聚簇的信息比单个记录丰富得多。在总体检索结果每个聚簇最右面一栏，又给出了个人的重要的作品名称，为用户选择提供了更多的重要

第3章 基于个人属性表的中文个人名称规范记录聚簇

图3-1 CNASS检索中文名称"王涛"得到的响应结果

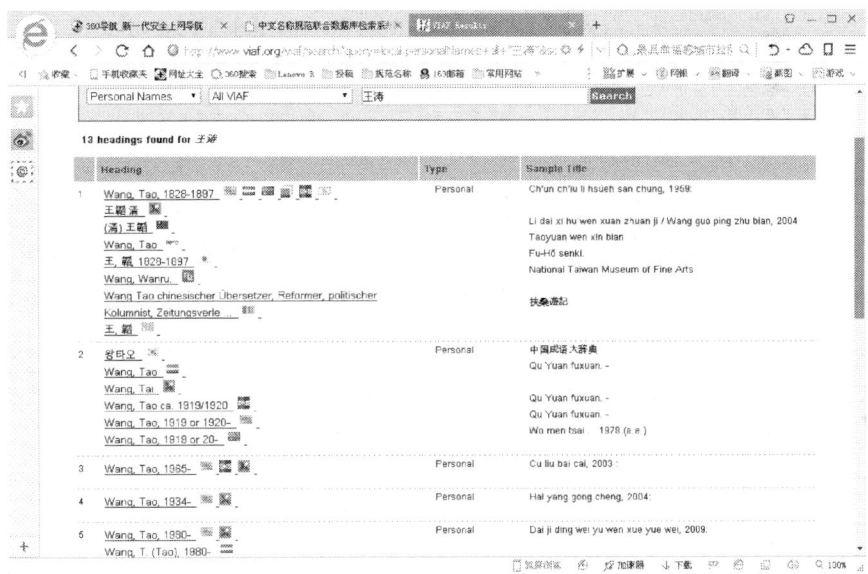

图3-2 VIAF检索中文名称王涛的总体结果网页

信息，而且 VIAF 可以利用聚簇结果生卒年分组信息，在名称检索框下给出用户提示帮助选择哪一年出生的王涛如图 3-3 所示。从 VIAF 的检索结果，可以看出个人生卒年是强有力的匹配属性，而作品是比行业、学科更能区分一个人的重要属性信息。本章记录聚簇算法就是在同名检索结果集内主要使用"出生年 + 卒年 + 作品序"组合的匹配聚簇方法。

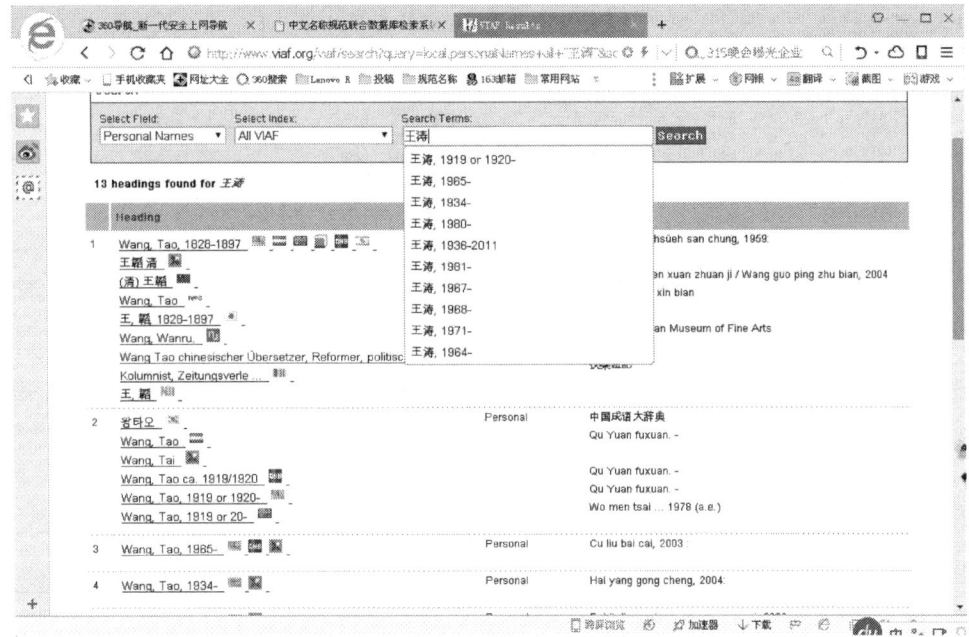

图 3-3　VIAF 检索中文名称王涛名称后的生卒年提示帮助

本章的研究目的就是提出一个聚簇方法，把对一个中文名称检索的结果集中表示同一个人的记录进行聚簇并按簇显示，提高用户的检索效率，更有利于将来与 VIAF 关联时，以簇为单位匹配，缩小匹配比较次数，而且聚簇合并簇中所有记录的信息，丰富的匹配比较的信息也有利于匹配出准确的结果。

3.1.2　国内学者对名称记录聚簇的研究

国内的一些研究者注意到中文名称规范记录结果的呈现问题，认为 CNASS 的结果显示没有体现与检索项目的相关程度，提出区分标目不同重要度部分内容的匹配，先显示标目名称匹配的记录，再显示附加信息匹配的记录，或者按某些行业学科等社会属性分类分组显示记录，但还没有上升到把表示同一个人记录识别出来并聚簇显示的高度。

国内对于名称规范档与 VIAF 的关联研究还处在基础阶段，很多学者研究名称规范记录的 CNMARC 格式与美国国会图书馆 MARC21 格式的比较和转换映射，并将 MARC 字段对应到如 SKOS、FOAF 和 RDA 等通用词汇集的语义描述词汇属性。由于 CNMARC 没有规范格式，转换映射限于共同的基础转换，都没有研究中文个人名称规范记录中与书目记录连接的描述和转换属性的方法。

贾君枝和石燕青的中文规范档与 VIAF 关联的研究涉及的方面比较广泛，研究了中文名称规范档的编目规则、个人名称汉语拼音的规范控制、在 VIAF 的汉语拼音名称的不准确聚簇案例以及中文规范档中外国人名的音译名称在 VIAF 检索问题；而本章研究侧重于中国个人规范名称的简体汉字名称的规范记录的识别与聚簇。贾君枝和石燕青在另一篇论文中根据著名词汇表 Schema.org 的 Person 类下的属性提取完全的个人属性关系图，包含 6 个类 31 个关系项，并标出在中文名称规范档出现过的 15 项，最后给出对应于这种关联数据模型的发布应用。上述两篇论文给出众多社会属性，但没有给出具体的字段属性映射方法，也没有研究个人名称规范记录与作品的关系，对于大量记录中重要个人属性生卒年缺失问题，给出用附加信息补充的初步建议，没有深入研究附加信息的获取表示方法以及其在关联匹配中的作用。

3.1.3 VIAF 匹配算法的参考

语义网技术的发展，进一步推动了跨机构的名称规范档、名称规范档与其他知识库的共享。FRBR 提出了实体关系属性模型，认为现实世界由众多相互联系的实体组成，而每个实体都可以由多个属性来描述，每个实体与其他实体存在多种关系。本章将名称规范数据库中的记录表示为一个实体，记录的属性对应实体的多方面属性，将这些记录进行语义分析关联，则需要应用语义网本体知识。中文人名规范档与虚拟国际规范档（VIAF）互联共享成为当前机构关注热点问题，与 VIAF 连接过程中，如何有效地实现名称之间的匹配算法，成为关联共享的关键。德意志图书馆和美国国会图书馆规范记录的自动匹配算法和希基给出处理 VIAF 规范文档的渐进精炼方法，两者的匹配点都提到了名称生卒年组合为可以区别一个人的最强链接，名称、生年加作品题名组合，属于第二强的链接强度，为本章算法选择生卒年作品题名组合在同名结构集内匹配聚簇提供理论支持。

　　基于上述对记录聚簇问题的考虑，分析 CCCNA 的个人名称检索结果界面及详细页面的信息结构特征和统计特征的基础上，确定算法所应用的匹配点属性；实证批量下载 CCCNA 对 300 个中文个人名称检索结果（见附录 A）的 MARCXML 格式文件（样本示例见附录 B），进行基于实体属性的语义描述，利用个人名称、出生年、关联外部记录及个人相关的作品题名，识别出描述同一实体的多条记录进行聚簇合并；最后对聚簇结果进一步与 VIAF 进行关联，验证聚簇的有效性。

3.2　规范记录实体匹配分析

　　由于个人名称规范档中的人名普遍具有较高的知名度，本章从学科及相关的教材作者译者，诺贝尔奖获奖者以及《中国人名大辞典（当代人物卷）》选取 300 个中国现当代人名进行实验，将其分为两大类：一类是两个汉字的人名 100 个，另一类是三个及以上汉字的人名 200 个。分析验证两个汉字的人名可能出现重名的几率大于三个字的人名，每个名称检索出的结果集大于三个字人名常识性假设。两类检索的汉字人名及其对应的检索结果的下载输出文件的文件名见附录 A 的两个表，为了方便后续程序自动处理从下载的文本中抽取个人名称规范记录的属性，所有下载文档名称两个汉字为 Amarc2001.xml 顺序到 Amarc2100.xml，而三个汉字的下载文件名称为 amarc3001.xml – amarc3200.xml。

　　在 CCCNA 的"中文名称规范一站式"查询系统 CNASS 中，使用 300 个名称的简体形式进行检索输入，目标为检索到符合名称的所有个人名称记录。对于每次检索得到结果集合，人工分析整个集合中各条记录与检索式的匹配情况（真实匹配还是伪匹配）、重名记录出现的情况等，希望从检索结果分析中明确当前中文四大库中各个库内部记录的特点，探寻名称实体匹配识别过程中可依靠的属性信息，为下一阶段的自动化实体聚合探索准备。

3.2.1 CNASS 检索结果集总体特征

由于存在重名的人物，更重要是 CCCNA 基于所有标目字符的不精确的匹配算法，导致每个名称检索命中的结果集过大。表 3-1 分别从匹配记录、检索记录数进行统计，可以看出 NLC、CALIS 规范档在两字、三字名称记录命中率较高，分别为（97%，93%），（92%，83%）；CCS 的命中率最低，分别为（68%，47%）。同样 CALIS 和 NLC 检索到单个结果集最大，包含最多条记录，分别在一个检索名称结果集内包含记录（230，199）和（160，12），很明显括号前面表示两个汉字的结果集的记录数都大于三个汉字名称的结果集，在如此大的结果集内出现大量的伪匹配记录（汉字名称和注释串接的字符串包含检索名称），尤其是两字名称的伪匹配记录更多，甚至超过准确匹配的记录数。检索结果存在伪匹配记录必须进行预处理过滤，而数据库内部和跨数据库的表示同一实体的多条记录有聚合的可能。

表 3-1　　CCCNA 的各个库的两类检索的检索覆盖和匹配记录统计

记录数　　　　　数据库名	NLC	CALIS	CCS	HKCAN
两字名称检索有匹配记录的集数（总 100）	97	92	68	95
三字名称检索有匹配记录的集数（总 200）	185	166	94	135
两字名称检索记录总数	1 140	1 691	599	381
三字名称检索记录总数	372	629	139	153
两字名称单个检索结果集最大记录数	160	230	142	48
三字名称单个检索结果集最大记录数	12	199	16	5

3.2.2 中文名称规范记录的各级表示方法

用户从图 3-1 所示的 CNASS 的检索结果中，无法获取名称的整体信息，例如第 70 条记录包括如下信息，受控类型：规范标目；标目值：王涛（高级工程师，1962.10），标目类型：个人名称；记录来源：NLC。用户获得的关于个人信息主要在标目值的名称和括号内的附加信息，用户得不到比较选择目标所需要的其他内容。

如果需要更全面了解这个规范记录的内容,可以点击进入记录页面,如图 3-4 所示,获取更详细的信息。

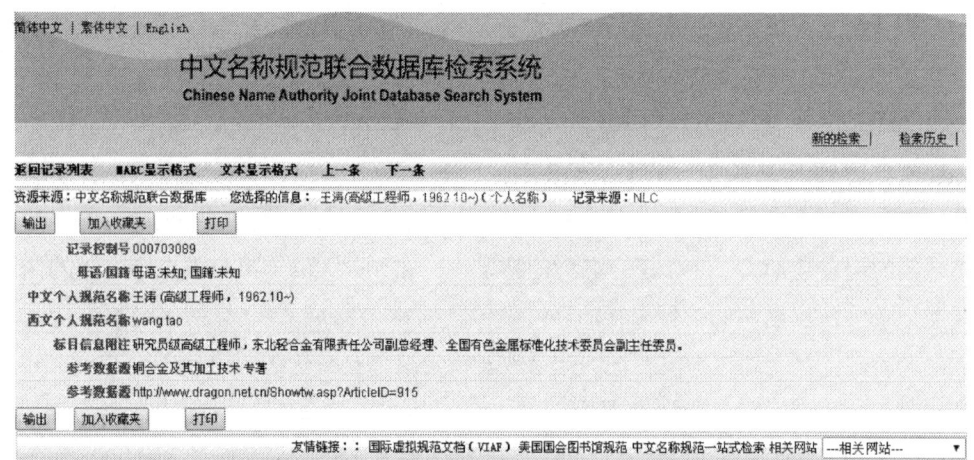

图 3-4 检索结果集中第 70 条记录的详细网页

利用网页下面的输出应用工具(检索总体结果网页也给出输出工具),可以获取该条记录内容的定制格式的输出文件,本章后续小节选择适合中文名称规范档的标目形式 CNMARC 和适合结构化处理的输出形式 MARCXML,得到第 70 条记录内容对应的 Amarc.XML 的文件,部分内容剪辑如下:

…

< record >

< leader >00493nx   a22001333   45   </leader >

< datafield tag = "001" >000703089 </datafield >

…

< datafield tag = "200" ind1 = " " ind2 = "0" >

< subfield code = "a" > 王涛 </subfield >

< subfield code = "c" >(高级工程师,</subfield >

< subfield code = "f" >1962.10 ~)</subfield >

</datafield >

…

< datafield tag = "300" ind1 = "0" ind2 = " " >

< subfield code = "a" > 研究员级高级工程师，东北轻合金有限责任公司副总经理、全国有色金属标准化技术委员会副主任委员。</subfield >

</datafield >

< datafield tag = "810" ind1 = " " ind2 = " " >

< subfield code = "a" > 铜合金及其加工技术　专著</subfield >

</datafield >

< datafield tag = "810" ind1 = " " ind2 = " " >

< subfield code = "a" > http://www.dragon.net.cn/Showtw.asp?ArticleID=915 </subfield >

</datafield >

对比记录网页和上述 marcxml 格式的输出文件发现，输出文件更接近于结构化的语义化处理，把标目字段对应的"200"字段域分为 3 个子字段 a 名称、f 生卒年和 c 其他附加处理，在 CNMARC 的初始格式阶段就实现了标目不同部分内容的分割处理。更重要的是包含作品相关的 810 字段，主要其子字段 a 给出作品的题名，其他子字段还给出作品的其他信息。所以本章研究选择在检索结果的总体页面下成批下载 300 个结果集（300 成批下载）所有记录的 CMMARC/MARCXML 的 300 个输出文件，作为本章中文个人名称规范记录的基础数据。这 300 个检索结果输出文件的一个简短而完整的样本见附录 B 中的 Amarc3005.xml。

3.2.3　VIAF 聚簇内详细内容和结构分析

在图 3-2 中 VIAF 选择第二个聚簇，进入得到如图 3-5 所示的聚簇内部框架，包含首选名称、变异名称、作品、共同作者、出版社、关于个人信息和外部连接、聚簇的历史信息等。打开其中的某一项如作品，可以看到详细的作品列表如图 3-6。所以 VIAF 在检索总结果和聚簇内部，都包含大量的作品信息，体现了规范记录中的个人实体和作品的连接关系。而在图 3-6，可以看到作品题目有多种语言格式，有中文、英语、汉语拼音和其他格式，可以大致实现与各种语言的作品题目匹配的问题。

图3-5 VIAF聚簇内部的框架

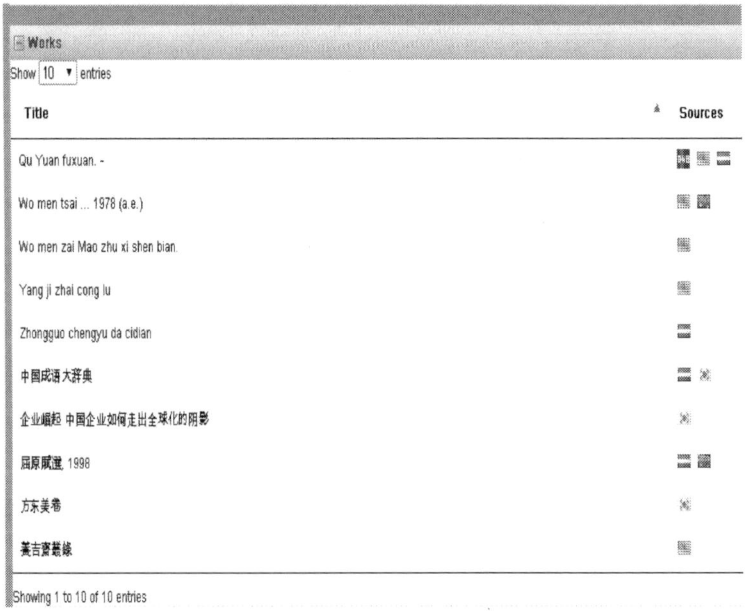

图3-6 VIAF聚簇内详细作品列表

3.2.4 不同中文规范数据库的特征比较

NLC 的规范记录库中,生卒年信息缺失较少。但存在记录号不同,规范标目及内容完全相同的记录,且占比很高。本实验中有 178 个人名出现此类问题,这类记录不是完全重复记录,为后面的匹配增加了难度。而这个问题在 VIAF 关联项目初期的规范档也出现过,需要对同一规范档内部的复制记录先合并再整体匹配。

CALIS 将中文简体、中文繁体、西文、日文等同时作为并列规范标目,一定程度上丰富了规范标目形式,为读者提供了更加便利的检索途径,但是具有相同记录控制号的同一条记录在检索结果中重复出现多次,结果集变大,干扰或不符合项太多,降低了查准率,而且 CALIS 中的生卒年缺失的记录比较多,虽然附加了行业、学科社会属性,但由于标注参入编目人员的主观选择,对仅依靠标目信息进行名称匹配造成很大困难。幸运的是 CALIS 记录中的参考数据源包含大量规范的作品,不仅有书目题名,而且还有出版社、出版年、共同作者等有关作品的详细信息,唯一的缺憾是没有作品的 ISBN 号,不能达到唯一性的识别作品实体的目的。CALIS 还建立了与百度百科、维基百科的链接,可以将人名记录实体扩展关联到这些知识库,进一步丰富实体识别判断依据,可进行更广泛的实体关联。

HKCAN 将中文名称作为连接标目,等同于其他数据库的规范标目。其所提供的数据来源较广泛,其中书目名称中有大量英文题名,因此如果与中文书目题名匹配需要涉及到多语言处理功能,同时其多数记录中有一个外部链接记录号,链接到美国国会图书馆,对与国外名称规范的联接具有重要作用,而本书第 4 章则采取外部链接记录重定向到 VIAF,利用 VIAF 丰富的作品列表丰富 HKCAN 记录的作品关系。

CCS 命中记录较少,明显低于其他三个本地库,有大量的参考数据源字段,可以用来挖掘书目题名,但也存在多语言匹配问题。但 CCS 已处在 VIAF 的测试阶段,对名称聚簇到 VIAF 的关联有一定的参考价值,但 CCS 记录与其他中文规范档共同收集的作品非常少,又处于刚加入 VIAF 的实验阶段,其作用机制远不如 LC,而且没有 CCS 记录中显式给出对应的 VIAF 聚簇的连接,无法在聚簇匹配时直接使用。

3.2.5 中文名称规范记录的匹配检索点的构建

能够进行匹配聚合的检索点取自检索结果中的字段和记录内字段转化到数据库记录内属性字段。各备选的检索点统计信息详见表3-2。CCCNA的规范标目（HK是连接标目）包括中文规范简体名称、生卒年，这些信息可被看作是强检索点信息。关联外部记录号可以通过关联的外部记录准确地关联该组记录到VIAF聚簇，是较强的检索点。规范记录中的附注和参考数据源中的出版翻译作品，对个人实体有较强的辨识作用，是重要的匹配信息。其他信息被作为弱检索点信息，包括名称附注、变异名称、附注、参考数据源。

CCCNA四个来源库中，HKCAN、CCS的参考数据源结构较复杂，有多种情形。除较强检索点的个人出版翻译作品外，还有描述研究个人的传记作品，收录个人和众多其他人的各种形式的名人录、作家笔名录，而最后一种情况与个人实体的关联性弱，不能用来匹配。

表3-2　　　　　　　　　CCCNA中备选的检索点分析

检索点名称	包含记录数	检索点特征分析
中文简体名称	5 104	最强匹配点：构造粗糙的原始检索结果集，全部记录包含，但伪匹配和重名多
生卒年	2 636	最强匹配点：各机构统一，适于跨机构、多语言聚簇，但若干记录该信息缺失
书目题名	4 035	强匹配点：包含在附注、参考数据源中，语义上对实体匹配作用强，但存在多语言题名困难，跨机构书目信息格式复杂，匹配准确度受限，有些书目与人名弱关联
外部链接记录号	486	强匹配点：关联外部记录，丰富记录信息，供与VIAF等关联使用。但包含该信息的记录少
记录控制号	5 104	弱匹配点：用于单个库内细分记录，不能供实体聚合，但其是记录标识关联的键
名称附注	2 304	弱匹配点：其中有1 486条出现在CALIS中，分类体系多，包括职业、专业、民族、性别等，缺乏分类叙词表支持，匹配作用弱

续表

检索点名称	包含记录数	检索点特征分析
变异名称	3 601	弱匹配点：包含该信息的记录较多，有简繁体、多语言形式，辅助中文简体名称匹配
附注	2 177	弱匹配点：大段文本，仅挖掘书目题名
参考数据源	5 061	弱匹配点：多种机构多格式书目信息，供挖掘出版翻译书目题名

3.3　自动聚簇方法与实现

本章利用 CCCNA 系统提供在线检索和 APP 下载导出数据，在线检索结果如图 3-1 所示的输出工具，其 APP 输出提供了 4 种输出格式，包括文本格式、MARC-2709、MARC-文本格式和 MARCXML 格式。本章中文个人名称规范记录采用第 4 种输出格式（MARCXML 格式）作为实验的源数据。

MARCXML 文档包含了在线检索的结果中所有记录的详细信息，其中每条记录的格式如 3.2.2 中样例 Amrac.XML 所示，利用工具对其中规范标目和其他内容进行语义转换处理，形成结构化文档，详见表 3-3。输出下载的 MARCXML 文档外层采用 XML 语法，包含有利于机器处理的元语言标记，用 < record > … </record > 标识结果集的每条记录的起点和终点。记录内层字段采用 MARC 标记，语义上与 MARC21 和国内图书馆业界规范 CNMARC 规范相近，参考国内学者对 MARC21 格式的解析以及 CNMARC 与 MARC21 格式的映射，我们可以分析出 XML 记录内部的字段的语义。每个检索结果集以 MARCXML 格式下载到本地保存，作为实验的原始输入数据，分别放在本地以检索名称编号的 300 个 XML 文件，这些 XML 的一个样本 Amarc3005.xml 参见附录 B。

3.3.1　数据库表的构建

每个 XML 文件包含检索结果集中的所有记录（包含重复记录），建立字段与数据表属性对应表，见表 3-3。编写程序算法从每个 XML 文件分析出所有的记录，从每条记录中提取结构化属性：检索名称、记录控制号、来源库、中文简体名称、生卒年、名称附注、英文名称、变异名称、备注、参考数据来源等，运行程序计算得到书目题名集合，得到两个数据库表。

算法：从 XML 文件构建数据库表

输入：100 个两个汉字检索结果全部下载的 XML 文件；200 个三个汉字全部下载的 XML 文档，每个文档根据检索名称的编号命名，如 amark2002.xml。

（1）构建数据库表的结构，设计表的属性，共 21 个，预先设计了计算属性和分簇属性；

（2）从 XML 文档中根据标记 <record> </record> 划分出每条记录，对应用户检索结果页面的一行及其链接，对应输出数据库表中的一行；

（3）循环处理 XML 划分出每一条记录，记录中字段与属性的映射关系与含义详见表 3-3：

①按照表 3-3 的对应关系处理 XML 的当前记录，数据库表插入一行记录，各属性为 XML 文档映射的值；

②进入下一条记录的文本位置，处理下一条记录，直到文档结束；

输出：两个数据库表，表的属性字段相同，处理方法也相同，所以采用一个算法。

表 3-3　查询结果网页、输出 XML 文档与数据表字段的对应关系

检索结果（总，详）		输出 XML 文档记录		通用词表映射	数据表字段	表字段含义说明
结果总页面	记录详情页面	XML 记录字段	子字段			
—	—	—	—	—	SNO	检索人名编号
—	—	—	—	—	Sname	检索人名
记录来源	记录来源	801	$a	schema.Orginization	SDBC4	来源库
—	记录控制号	001	$a	—	SRNO	记录控制号
—	外部控制号	009	$a	—	SRLO	外部记录控制号

续表

检索结果（总，详）		输出 XML 文档记录		通用词表映射		数据表字段	表字段含义说明
结果总页面	记录详情页面	XML 记录字段	子字段				
标目值	中文个人规范名称	200（第1条）	$a	schema. person	schema. name	CName	中文简体规范名称
			$f		schema. birthdate schema. deathdate	BDY	生卒年
			$c		schema. description	CN2	人名附注
—	西文个人规范名称	200（第2条）	$a		schema. name	EName	外文规范名称
—	变异标目名称	400（多条）	$a		schema. name	VNames	变异名称集
—	标目信息附注	300	$a		schema. description	Note	附注
—	参考数据源	810（多条）	$a	schema. book	schema. name	Refdatas	参考数据源集合（以 ‖ 分隔）
—	—	—	—	schema. book	schema. name	books	书名集合，由 Note 和 Refdatas 计算得到

注：—表示没有该部分信息。

3.3.2 数据预处理

数据预处理是对两个数据表中的记录，使用 SQL 语句过滤全部属性完全相同的记录，根据名称语义处理删除不能正确匹配的伪匹配记录。表 3-4 显示预处理前后两个数据库表的记录数，可以看出预处理使结果集中的记录数大大减少，提高了用户检索的便利性。

表3-4　　两个初始数据库表及预处理前后的基础统计信息　　单位：条

记录数	两个汉字名称检索	三个汉字名称检索
检索名称总数	100	200
初始下载得到（预处理前）的记录总数	3 811	1 293
删除相同记录后剩下的记录数	2 959	983
删除名称伪匹配后剩下的记录数	1 016	879
初始单个检索结果集最大记录数	580	204
删除相同记录后剩下单集最大记录数	391	104
删除名称伪匹配后剩下单集最大记录数	90	35

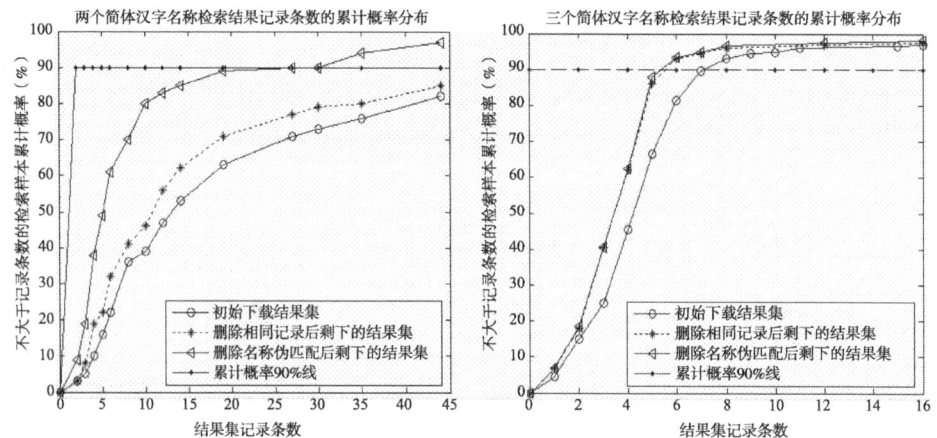

图3-7　两、三个汉字名称检索结果集预处理前后记录数累积概率分布

预处理前后，各检索结果集中的详细记录数的累积概率分布情况如图3-7所示。为了显示清晰，左右图形中只给出累计覆盖主要90%结果集的记录分布，对于检索名称结果集中记录条数异常多值的没有显示出来，两个表中两步预处理后记录数的累积分布曲线都在处理前曲线的左上方。尤其左图两个字的预处理后曲线的改进效果更加显著，两步都比处理前显著向左上方移动。

3.3.3　名称实体匹配和聚簇算法

将同一个实体的记录划分到同一个聚簇记录，合并多条记录信息，具体实现思路如下：

（1）将人名名称相同的记录归类。

将名称相同的记录归入一个记录集 RS，共 300 个记录集。利用中英文名称、变异名称信息，合并该集合中与检索名称语义相同的记录。

（2）对每个记录集 RS 中的记录按照出生年聚簇。

先按出生年排序再聚簇。由于生卒年份属性有两部分信息，由"~"分割的字符串，进行分开计算，得到出生年和卒年。排序和聚簇要按照单个标准，又因为本实验数据的名称实体取自当代或现代名人录，没有卒年信息的很多，所以聚簇算法选择按出生年排序后再聚簇。排序后的记录，出生年字段不为空的，进行聚簇。同一出生年的记录分为一簇，分配同一个簇号，不同的出生年划分到不同的组，按顺序分配不同簇号，检索名称编号和簇号一起形成聚簇号；对于出生年字段缺失为空的记录，由于信息缺失，不能聚簇，每一条记录划分为单个记录的一簇，分配不同的簇号，一条记录分配一个聚簇号。

（3）总体聚簇。

总体聚簇对确定性的提高体现在对出生年空缺的记录。两簇中记录有记录号相同合并两个聚簇为一簇。优先向有出生年的聚簇关联合并。两簇中的记录，有相同作品题名相同合并为一簇。作品题名的语义相同，需要进行语义计算：

先对每条记录在附注中根据"《》"符号提取出每个作品题名，每个题名在作品字段中 Books 用 ‖ 分割串联，再对参考数据源中的作者、译者、类型、条目提取作品题名，串接在 Books 字段后。每条记录的 Books 都是个人作品的不完全集合，只包含本数据库收集的作品。

对分属于两簇的两个作品集合，两个集合中的每一项分别比较匹配，一个集合中的任一项匹配上另一集合的一项，两个就合并为一簇，两个作品集合做并集运算成一个集合。由于多语言问题和参考数据源的不同性质类型，只能根据作品题名文本匹配辅助判断两本书可能是相同内容作品，从而推断同名的两簇集合的作者为同一个人的可能性超过合并的阈值，进行人名记录簇的合并。作品题名语义匹配还需要借助多语言问题研究成果，应用不太成熟，本书将在后续系列中研究。

总体聚簇还要处理出生年相同的簇是否确实是同一实体，是否需要分裂为两簇。出生年相同的簇内记录，查找额外的匹配支持信息，只要满足下面任意一条就不再分裂：①规范名称和变异名称合起来有两个以上相同；②记录号相同；

③作品题名语义相同；④名称附注相同。如果所有上述匹配支持信息都没有，总体聚簇只好分裂，划分出一个新簇。

实体匹配聚簇算法输出，即对记录集内进行实体匹配聚簇后，分配得到出生年聚簇号、总体聚簇号。

3.3.4 聚簇结果分析

根据上述聚簇算法，运行得到两阶段的聚簇结果数据表，统计分析得到结果详见表3-5。可以看到两种聚簇结果从总簇数、单结果集最大簇数都体现出明显的合并效果，簇数都远远小于算法运行前的记录数。一次检索结果合并到一个实体簇的覆盖率比聚簇前都有显著提高，从5%提高到45%，原因是检索结果的多条记录实为同一个人的信息。除了合并到一个簇的极端情况，图3-8中两类聚簇后的两条累积曲线都显著地位于聚簇前曲线的左上方，说明不管是否重名或重名多少，每个结果集的记录都得到合并，结果集簇数缩小，单个簇是合并记录的并集，信息得到较大丰富。

3.3.5 聚簇结果与VIAF匹配聚簇验证

利用聚簇算法的结果，300个结果集中的1 137簇与VIAF匹配聚簇，与聚簇的记录数5 104条记录比较，检索匹配次数大大减少，每次匹配的检索点信息又很大丰富。根据表3-5的结果的聚簇及其语义与VIAF匹配聚簇：首先根据结果簇中的外部记录控制号和CCS的记录控制号与VIAF匹配关联，再在剩下的结果簇中分有无出生年的簇与VIAF匹配聚簇，具体处理结果详见表3-6，是一个比较可行的有效的到VIAF的匹配聚簇方法。

表3-5　　　　　　　聚簇算法运行前后基础统计信息

类型	聚簇前	出生年聚簇（总）	总体聚簇
300次检索簇数（个）	1 895	1 101	1 137
有出生年总簇数（个）	1 434	640	738
无出生年的总簇数（个）	461	461	451

续表

类型	聚簇前	出生年聚簇（总）	总体聚簇
有外部记录号的总簇数（个）	197	196	195
单个名称的最大簇数（个）	90（2072）	53（2072）	79（2072）
单个名称的最大簇数（出生年）（个）	66（2072）	29（2072）	50（2072）
单个名称的最大簇数（无出生年）（个）	34（2032）	34（2032）	34（2032）
90%的检索集最大簇数（个）	10	7	8
合并为一簇检索集占总检索结果集的比例（%）	5	43	45

注：簇数：聚簇前为记录数，聚簇后为簇数。

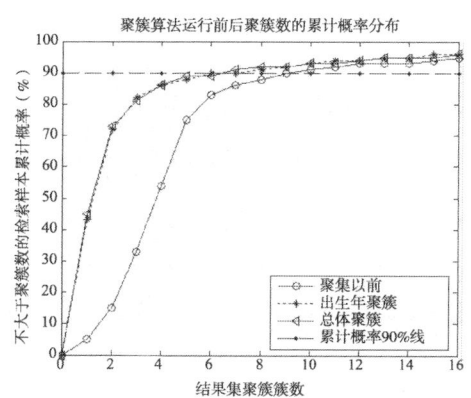

图3-8 聚簇算法前后结果集中聚簇数的累积概率分布

表3-6　　　　　结果聚簇与VIAF的匹配聚簇

处理工作	拟匹配簇数	剩余簇数	匹配结果	处理建议
外部控制号或CCS的记录号与VIAF簇匹配	407	730	准确匹配	同簇内其他记录加入匹配的VIAF簇
剩余簇有出生年的簇	426	304	较准确匹配	名称生卒年匹配簇内的记录加入匹配的VIAF簇，匹配不上增加一个高质量的新簇
剩余簇无出生年的簇	304	0	不精确匹配	增加新簇到VIAF，新簇质量不高

3.4 小　　结

本章通过分析中文名称规范检索系统（CCCNA）的检索结果发现结果集的记录条数太大，给用户选择造成困惑问题。对比虚拟国际规范档（VIAF）的检索结果的簇数，提出对个人名称规范记录基于是否表示同一个人进行聚簇。

本章的初步聚簇在分析两个系统的检索结果集的总体显示和记录内部的字段信息后，提出在同一个检索名称结果集内的同名个人记录以生卒年加上关系作品题名建立记录聚簇算法，进行实证实验。结果表明算法可以从去除冗余记录、伪匹配记录的预处理阶段，显著减少结果集的记录数。在正式匹配聚簇阶段，聚簇数显著小于聚簇前的记录数，证明聚簇方法的有效性。

本章方法的局限在于初步提出提取关系作品提名用来匹配聚簇，对关系作品的表示方法偏简单，因为 NLC 的关系作品信息只有题名，对规范记录作品关系只提取题名，忽略了作品的其他信息，而且大多数规范记录中的关系作品数量不多，列出的关系作品普遍不超过 8 个，所以本章方法把记录的所有关系作品的题名用分隔符分割串联为一个字符串，在前面加上作品数量的数字，放在记录的一个作品属性里。进行作品匹配时，增加匹配编程的复杂性，也可能发生难以发现的错误。使用作品题名字符串序列简单表示方法，达不到彻底对作品实体识别，只能在相同姓名的记录集内辅助支持个人实体的识别，不利于建立广泛的个人名称和作品的实体关联，个人作品的完整的实体匹配关联需要进一步获取更多的书目规范数据支持。论文下一步的研究方可以从以下方面进行：

（1）借助多语言信息组织和检索研究，考虑不同语言数据库的作品题名实体匹配问题。

（2）利用规范记录中的外部连接记录号，关联利用 VIAF 或 Wikipedia 等著名知识库的丰富内容，扩展中文个人名称规范记录的信息，增加多语言的关系作品的数量，提高作品题名匹配的可能性和匹配性能。

（3）借助信息检索领域本体或叙词表的研究成果以及主题模型方法，对标目附加信息、附注信息和参考数据源进行基于主题的语义标注，得到关于名称更丰富的属性信息，更加准确高效地进行个人名称和作品的关联，进行更精确的个人规范记录聚簇，有利于后续与 VIAF 和其他知识库的关联。

第 4 章

基于作品关系扩展的中文个人名称规范记录聚簇[①]

正如上一章小结的分析,采用简单的记录属性字段不能很好地表示个人与多个作品之间的多种关系,包含个人关系作品多方面的信息,本章采用最新的国际图书馆联盟 - 图书馆参考模型（Functional Requirements for Bibliographic Records - Library Reference Model,FRBR - LRM）表示个人名称规范记录中个人与作品的关系,并利用显式的、明确无误的外部关联的美国国会图书馆（LC）的记录号,重定向到 VIAF 聚簇。利用 VIAF 聚簇的丰富作品列表,扩展规范记录的作品关系,并在聚簇算法中,逐步扩展匹配的作品关系集合与其他中文规范记录匹配,提高不同语言格式的记录的作品题目匹配上的可能性,提高聚簇的性能。

4.1 名称规范记录的 FRBR 语义化表示

FRBR - LRM（又称 IFLA - LRM）模型是国际图联 IFLA 在 2016 年推出的,是其先前 FR 家族三个模型（FRBR、FRAR、FRSAD）的进一步发展的统一版。数据概念模型 FRBR - LRM 与 FR 家族前三个模型都在 "E - R" 框架下建立。其 E - R 框架借鉴了关系数据库的实体分析方法,首先提取数据用户感兴趣的主要对象,即实体,再分析实体的属性和关系。更重要的是 FRBR -

---

[①] 本章内容基于作者发表的论文的修改：王瑞云,贾君枝. 基于作品关系扩展的中文同名个人规范记录识别与聚簇研究. 图书情报工作,2017,05：125 - 131.

LRM一贯地基于网络协议的方案,使图书馆书目数据从封闭的数据库模型开放到基于网络的模型,有利于提高构建关联共享的知识库,吸收了语义网本体理念,加强关系的定义,具有更强逻辑推理能力,为用户检索识别实体提供更丰富的上下文语境。

中文名称规范协作委员会(CCCNA)提供的"中文名称规范一站式"查询系统,没有针对单个库内及多库之间关于同一个人的多条记录进行聚簇,迫切需要进行规范档内部和规范档之间记录的聚簇。第3章在聚簇过程中发现4个中文来源机构的个人名称记录中的作品关系偏少而不全面,有不同的覆盖范围,表示同一个人的来自两个机构的规范记录作品关系甚至找不到相同作品,使第3章的聚簇算法虽然有效,但聚簇性能有待提高。本章利用HKCAN大量记录给出了到美国国会图书馆(LC)的记录准确匹配关联,而LC是VIAF的最重要核心成员之一,借此HKCAN记录号可以重定向VIAF聚簇,用VIAF聚簇信息扩展HKCAN的记录信息以提高匹配将是解决聚簇的有效方法。

国内学者对名称规范档与VIAF关联进行大量研究,郝嘉树等从语义描述方面研究中文人名规范与关联,贾君枝等从元语言描述规范角度研究中文名称规范档与VIAF的关联。在科研管理领域,如合著网络研究、引文研究、专利研究、科研管理等,同样需要基于个人实体识别个人名称,对人名称管理提出不同的要求。刘斌等基于专利数据库的个人—专利—机构三者关系,研究发明家姓名消歧算法,周杰等采用关键证据和E2LSH方法研究搜索引擎中海量人名的增量聚类。

本章采用FRBR-LRM模型的E-R框架表示个人规范记录的实体属性关系,并将田野等人利用关联数据驱动的查询扩展的技术应用到本章的聚簇算法中,利用HKCAN记录关联LC记录号重定向到VIAF聚簇,扩展HKCAN原记录的作品关系,构建基于作品关系扩展的中文个人名称规范记录聚簇算法。

4.2 中文个人名称规范记录聚簇的E-R分析

4.2.1 中文个人名称规范记录的实体分析

FRBR-LRM的实体框架中,以资源Res为顶层实体,包含三组子类:以作

第4章 基于作品关系扩展的中文个人名称规范记录聚簇

品为核心的实体（作品、内容表达、载体表现、单件）；代理（分为个人和集体2个子类）；与前两组子类有关系的实体，包括名称、地点、时间跨度。

个人名称规范记录包含了个人规范名称、变异名称、出生/死亡日期，注释和参考数据源（提取作品集合），每条个人规范记录的 RDF 表示如下：

Subject	Predicate	Object
calis：n2004276970	记录标识符	n2004276970.
calis：n2004276970	外部记录号	null
calis：n2004276970	记录来源库	calis.
calis：n2004276970	包含	个人1
个人1	聚簇号	person：3005001
个人1	注释	聚簇号是算法对同一个人的多个记录聚簇后分配的
个人1	首选名称	钱学森，1911－2009
个人1	首选名称	Tsien, Hsue Shen, 1911－2009
个人1	变异名称	Tsien, Hsue－sen,
个人1	出生年	1911
个人1	卒年	2009
个人1	责任作品	个人责任作品集合
个人作品集合	注释	起始空，聚簇过程动态计算
calis：n2004276970	包含	记录作品关系集合
记录作品关系集合	有元素	工程控制论
记录作品关系集合	有元素	论系统工程
记录作品关系集合	有元素	星际航行概论
记录作品关系集合	有元素	社会主义现代化建设的科学和系统工程

将个人名称规范记录作为 Res 实体的特殊子类处理，在 FRBR－LRM 基础上扩展为新的资源实体子类。个人名称规范记录处理的是个人对象，也是规范记录聚簇的中心，对应 Res 子类的代理，记录中的名称、出生/死亡日期分别对应名称和时间跨度两个子类。

4.2.2 中文个人名称规范记录的实体关系分析

本章研究的实体间存在两种关系，一种是 IsA 关系，用带箭头的虚线表示,箭头实体是箭尾实体的子类。另一种是具体语义关系,用三种不同的带箭头的实线表示三种不同类型的关系。如图 4-1 中 Res 和时间跨度之间的关系为 Res'与…有联系'时间跨度,1 个 Res 与多个时间跨度有联系,关系的基数为 1:m。

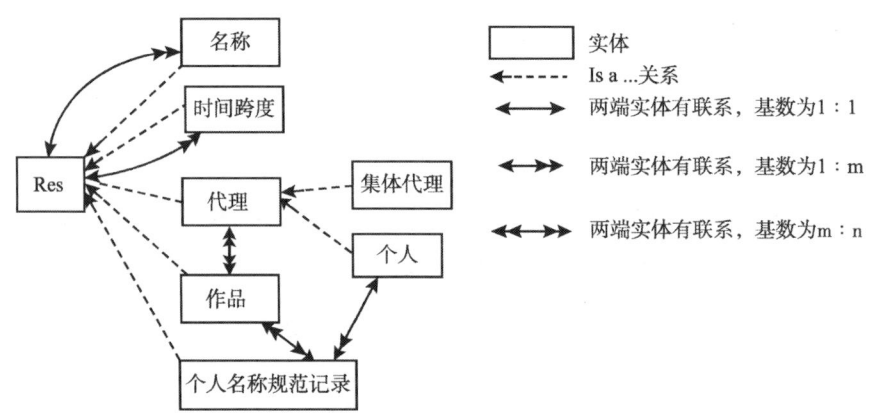

图 4-1 中文个人名称规范记录聚簇的 E-R 实体关系

根据语义推理如下成立:子类(不用显式说明就隐含地)继承父类属性和关系,例如:

[Res'有联系'时间跨度] + [代理'IsA'Res] + [个人'IsA'代理]
⇒ [个人'有联系'时间跨度]   (4.1)

个人名称规范记录中,时间跨度的语义关系具体表现为'生年''卒年'关系,从而推导出如下:

⇒ [个人'生年'时间跨度]   (4.2)

利用图 4-1 中关系以及语义推导,得到 6 个具体语义关系,详见表 4-1,其中关系 R6* 是由 R1 和 R2 推导出来的。个人名称规范记录的聚簇将语义关系取值相同的记录合并在一起。聚簇算法的语义推导基础如下:

推导公式 1:

[r1 ∈ 个人名称规范记录] + [r2 ∈ 个人名称规范记录]
+ [r1 包含 p1] + [p1 命名 n1] + [p1 生年 by1] + [p1 卒年 dy1] + [r1 包含 wr1]
+ [r2 包含 p2] + [p2 命名 n2] + [p2 生年 by2] + [p2 卒年 dy2] + [r2 包含 wr2]
+ [n1 同名 n2] + [by1 同年 by2] + ([wr1 有相同元素 wr2] 或 [dy1 同年 dy2])

第4章 基于作品关系扩展的中文个人名称规范记录聚簇

⇒[p1 相同个人 p2]

⇒[r1 聚簇 r2]

推导公式2：（这种情境在本章实验中出现的比例很高）

[r1 ∈ 个人名称规范记录] + [r2 ∈ 个人名称规范记录]
+ [r1 包含 p1] + [p1 命名 n1] + [p1 生年 by1] + [p1 卒年 dy1] + [r1 包含 wr1]
+ [r2 包含 p2] + [p2 命名 n2] + [p2 生年 by2] + [p2 卒年 dy2] + [r2 包含 wr2]
+ [n1 同名 n2] + [by1 空值或 by2 空值] + [wr1 有相同元素 wr2]

⇒[p1 大概率相同个人 p2]

⇒[r1 聚簇 r2]

其中 p1、p2 表示个人实例；wr1、wr2 表示作品关系集合；by1、by2 表示个人生年；dy1、dy2 表示个人卒年。语义推导解释为，如果两条记录包含的两个个人及其作品关系集，规范名称相同而且出生年同年，再两个作品关系集有相同元素或卒年相同，这两个人为同一个人，两条记录聚为一簇；或者两条记录中的有一个或两个的出生年缺失，但作品关系集有相同元素的，这两个人也很大概率可能是一个人，两条记录聚为一簇。推导公式1中，作品关系集合相同元素证据能提高聚簇的准确性；推导公式2中，增加了发现实际聚簇记录的可能性，可以发现并补上由于出生年属性值缺失而造成的实际匹配的遗漏。

表4-1　中文个人名称规范记录聚簇重要的具体关系

关系标识	定义域	关系名称	值域	基数
R1	个人名称规范记录	包含	个人	M:1
R2	个人名称规范记录	包含	作品	M:N
R3	个人	命名	名称	1:M
R4	个人	生年	时间跨度	1:1
R5	个人	卒年	时间跨度	1:1
R6*	个人	责任作品	作品	M:N

4.3 基于作品关系扩展的中文个人名称规范记录聚簇算法

本章同样采用第3章实证的300个人名在CCCNA检索平台检索得到300个结果记录集聚簇处理的基础数据。采用第3章的预处理方法,将冗余复制记录和伪匹配记录去除后,再进行本章基于作品关系扩展的聚簇处理。

4.3.1 基于外部关联记录的作品关系属性扩展

预处理后的结果集中,记录内部的属性关系信息比较少,而且不同库间记录属性关系值语言格式不同,不利于结果集内个人实体的识别及聚簇。例如查询名称"钱学森"的结果集预处理后有5个记录,其中 CALIS(1)、NLC(2)、CCS(1)、HKCAN(1)。HKCAN记录包含1个出生年关系和6个责任作品关系,但作品名全是英文;CALIS记录包含一个出生年和4个责任作品关系,作品名全是中文,两个责任作品关系集合甚至没有一个共同元素,这两条记录不能匹配。

基于通过关联数据将查询扩展的思想,应用记录的外部关联的LC记录号及重定向的相应的VIAF记录,扩展聚簇记录的作品关系等属性内容,以丰富关系实体的多语言上下文情境。HKCAN的大量记录建立与LC记录标识符的连接,VIAF中虽然没有明确的多语言名称标签,但其作品关系部分包含各国语言表示的作品题名信息。而LC是VIAF的核心成员,以LC记录号作为中介,利用VIAF对于来源机构记录号的重定向功能,重定向到VIAF聚簇。充分利用VIAF的高质量、多语言特点,以所关联的VIAF记录来扩展待聚簇HKCAN记录的作品关系集合。利用HKCAN提供外部关联LC记录号LC-n81028871,构造URI:http://viaf.org/viaf/sourceID/LC|n81028871,输入URI后,VIAF将自动重定向到VIAF聚簇viaf:79422641,如图4-2所示。该VIAF记录包含10个关联记录,责任作品50个,责任作品有中文名称21个,英语9个,拼音12个,其他8个。极大提高了和其他记录责任作品关系集合产生交集的能力。

第4章 基于作品关系扩展的中文个人名称规范记录聚簇

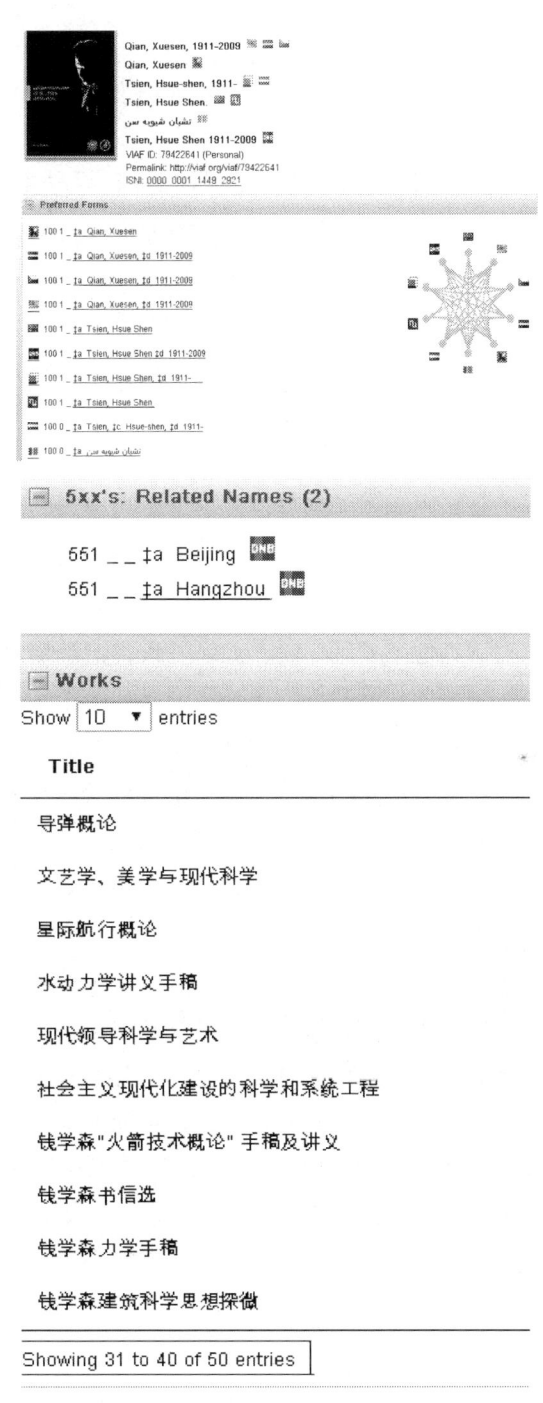

图 4-2　http：//viaf.org/viaf/sourceID/LC｜n81028871 重定向的 VIAF 聚簇

4.3.2 基于作品关系扩展的中文个人名称记录识别与聚簇算法

将结果集中的带有 LC 外部记录号的记录根据 LC 记录号重定向得到的 VIAF 聚簇内容扩展作品关系,再将结果集记录按照是否为扩展记录、出生年和责任作品集大小进行排序。

第一阶段初始化聚簇阶段,扩展记录,将记录与对应的 VIAF 聚簇的作品关系集合做并集运算结果作为记录的扩展的作品关系集合,并作为当前聚簇的当前作品关系集合值。

第二阶段按排列顺序处理每一条没有加入到任何聚簇的记录。对排序好的每一条记录,先依据出生年初步判断。如果记录出生年与聚簇的出生年同年,进行两个作品关系集合比较,如果二者有交集,即相同元素个数大于 0,记录加入聚簇,两个作品关系集合做并集运算赋值给当前聚簇的作品关系集合;如果两个作品集合交集为空,再根据其他卒年等判断,如果一致,记录加入聚簇,再合并两个作品关系集合来扩展聚簇的作品关系。这一步可以利用作品关系扩展在只有出生年相同,而卒年值缺失的情境下,提高识别和聚簇的准确性。

如果出生年不同年,但有一个出生年为空,进行记录和聚簇的作品关系集合比较。如果两个作品集合交集中有元素,说明该记录很大概率上和聚簇为同一个个人,该记录也加入聚簇,合并作品关系集合。在后面实证中,这种情境的记录占的比例很大,这也是本章利用扩展作品关系解决由于出生年属性值缺失导致识别困难问题的主要贡献。这一步骤可以在出生年和卒年全部缺失,尤其出生年缺失,扩大识别匹配的范围,发现潜在实际可以匹配的记录。

每条记录加入聚簇后,用记录的属性关系(尤其作品关系)合并扩充聚簇的作品关系。反复扫描处理排队队列,直到每条记录都加入到一个聚簇时,算法结束。详细算法流程图如图 4-3 所示。以上述检索钱学森结果集的 5 条记录为例说明聚簇算法,详见表 4-2。该结果集的来自 4 个国内库 5 条记录,最终聚簇为 1 个聚簇,最大聚簇内部包含了 5 条记录,没有单记录聚簇。

第 4 章　基于作品关系扩展的中文个人名称规范记录聚簇

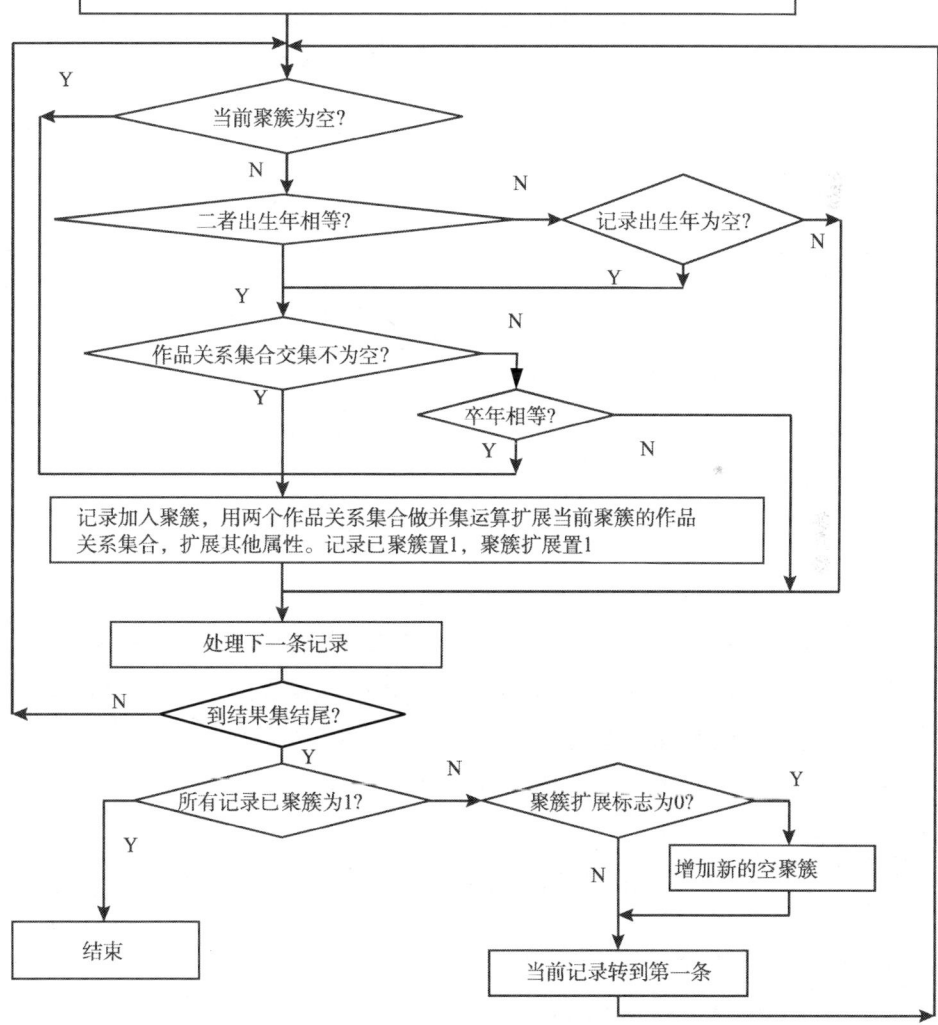

图 4-3　基于作品关系扩展的中文个人名称规范记录识别聚簇算法流程

表4-2　　　　结果集3005的作品关系扩展的记录识别与聚簇

当前聚簇号	当前记录	出生年比较	卒年比较	责任作品关系比较	处理	作品关系数	簇内记录集合
—	1：hkcan：000054418	—	—	—	初始化当前聚簇与当前记录	6	—
3005001	扩展VIAF：79422641	同年	—	相同元素3个（可不比较，直接扩展）	关联VIAF记录，合并作品集，聚簇扩展置1，记录聚簇标志置1	53	1
3005001	2 calis：n2004276970	同年	同年	相同元素2个，不同2个	记录加入聚簇，合并作品集，簇扩展置1，记录聚簇标志置1	55	1，2
3005001	3 nlc：000086833	同年	同年	相同元素2个，不同2个	记录加入聚簇，合并作品集合，簇扩展置1，记录聚簇标志为1	57	1，2，3
3005001	4 nlc：A9640396	同年	同年	相同元素4个，不同0个	记录加入聚簇，合并作品集合，簇扩展置1，记录聚簇标志为1	57	1，2，3，4
3005001	5 ccs：AC000356529	同年	同年	无相同元素，不同元素1个	记录加入聚簇，合并责任作品集合，簇扩展置1，记录聚簇标志为1	58	1，2，3，4，5

4.4　中文个人名称规范记录聚簇实验

本章实验部分利用CCCNA的数据库检索样本名称得到300个结果集，经过预处理后包含了1 896个记录，每个记录采用RDF语言描述。对每个结果集的RDF格式文件运行识别和聚簇算法，得到每个结果集的根据实体个人的中文名称规范记录聚簇。

4.4.1　实验聚簇结果的评价指标和描述统计分析

选取聚簇结果的评价研究指数如下：
SetinRs1：结果集经过预处理后的记录个数；
SetlinkEx：结果集中有外部关联扩展的记录个数；
SetInClusters：结果集经过聚簇后的簇数；
ClusterInMaxRs：结果集中最大簇内的记录数；

第4章 基于作品关系扩展的中文个人名称规范记录聚簇

SgRsCluster：结果集内的单记录聚簇的个数；

上述指数反映了结果集聚簇的多个方面的描述统计信息，分别用 MATLAB 图形工具可视化显示，如图4-4的各个分图。图4-4（a）按原先随机结果集顺序显示，结果集内记录数本身非常随机，再加上聚簇数结果更为混乱，发现规律难度太大。图4-4只反映出两个汉字人名和多汉字人名的结果集聚簇的大致情景，超大记录数结果集（15个）和超多簇数结果集（11个）的已作单独处理。

为了更清晰的可视化，对每个结果集按照记录条数从小到大排序，结果如图4-4的后3个子图（b）（c）（d）。例子中结果集3005，图4-4（a）在第105位置的结果集，而排序后3个子图为第191位置。图4-4（b）描述在图4-4（a）中的前两个指标基础上，再增加结果集内单记录的聚簇个数，内容更丰富，但图形更清晰可视。

图4-4（b）显示 SetInClusters、SgRsCluster，反映结果集的总簇数和单记录簇数。SetInClusters 越小，SgRsCluster 越小，聚簇效果越好。图4-4（c）显示 ClusterInMaxRs 和 SetinRs1 的对照，ClusterInMaxRs 越大，二者差距越小，聚簇的记录信息质量越高，聚簇效果越好。图4-4（d）显示 SetlinkEx，反映结果集有关联扩展记录条数，值为0表示没有外联扩展记录。

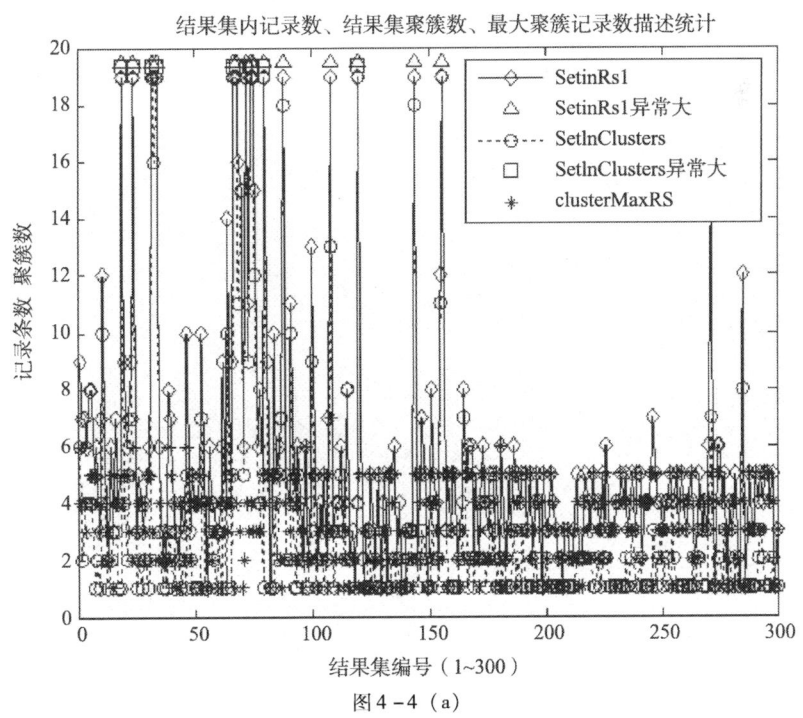

图4-4（a）

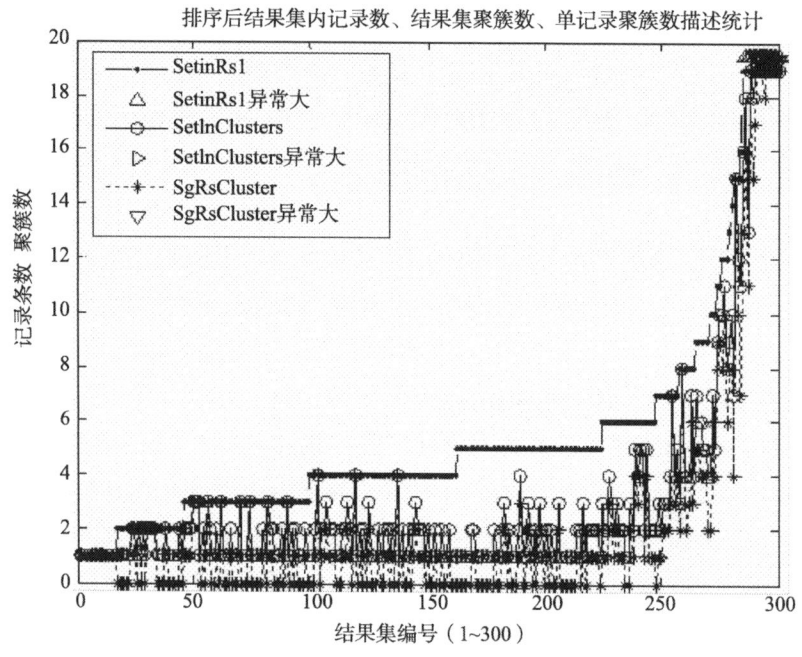

图 4-4（b）

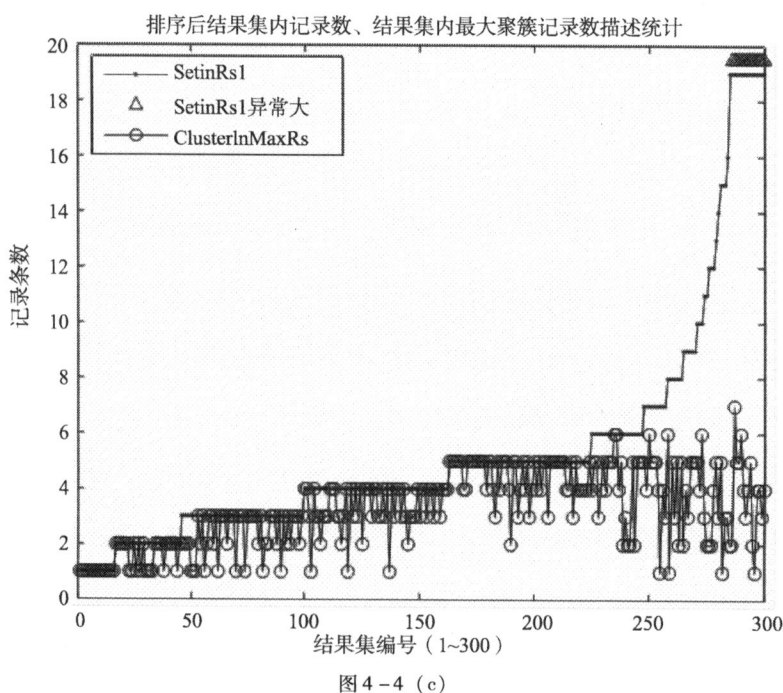

图 4-4（c）

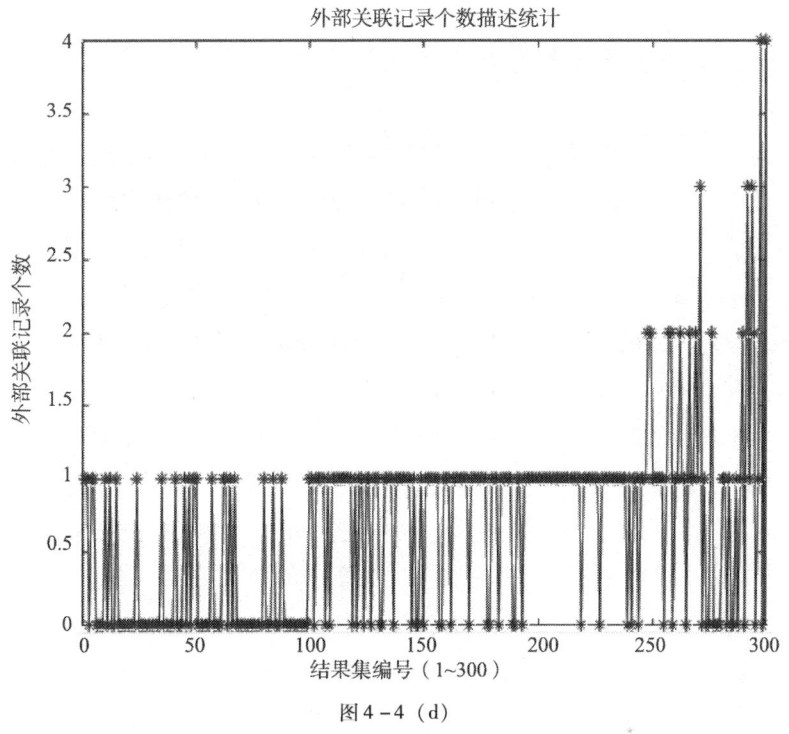

图 4-4（d）

图 4-4　结果集描述统计

注：图 4-4（a）排序前，图 4-4（b），图 4-4（c），图 4-4（d）是排序后描述统计图（b 记录数、簇数、单记录簇数；c 记录数、最大簇记录数；d 外联扩展记录个数）。

4.4.2　聚簇的综合效果分析

综合以上各方面的因素及统计信息，设计本章研究的聚簇的综合指数聚簇效率 CluEf，由三部分组成，如下式。

$$\text{CluEf} = \alpha * \frac{\text{SetlinkEx}}{\text{SetInClusters}} + \frac{\beta}{2} * \left(\frac{1}{\text{SetInClusters}} + \frac{1}{1 + \text{SgRsCluster}} \right)$$

$$+ \gamma * \frac{\text{ClusterInMaxRs}}{\min(\text{SetinRs1, 6})}$$

参数 α、β、γ 为聚簇效率三个的权重，经过咨询业内专家意见，本章研究方法权重取值 0.4，0.2，0.4。3.3 部分例子 3005 结果集的聚簇效率计算如下：

CluEf3005 = 0.4×1/1 + 0.2×(1/1 + 1/(1+0))/2 + 0.4×5/min(6, 5) = 1。

300 个检索结果集的综合指数聚簇效率 CluEf 的结果统计如图 4-5 所示。

4.4.3 聚簇实验结果分析

从图 4-4（b）可以看出，整体结果集聚簇数合并为 1~2 簇的情况占 300 个结果集 70% 以上，聚簇效果较好。集内记录数大于 10 尾部结果集单记录聚簇个数急剧增大，效果不理想。图 4-4（c）可以看出，结果集簇内聚集的记录数在总记录数小于 6 时，比较靠近总记录数，总记录数大于 6 以后，簇内记录数一直小于 6，个人实体最大聚簇可能包含 4 个机构库的 6 条记录。图 4-4（d）给出各个结果集有多少个记录有 LC 的外部关联，只有尾部少数达到 4 个外部关联。统计图表明每个结果集重名的外部关联大部分小于 2 个，远小于结果集中记录数。

图 4-4（b）、图 4-4（c）综合可以看出，结果集记录数大于 10 的尾部结果集，聚簇效果不太理想，尾部结果集记录条数都很大，大部分记录来自 CALIS 和 NLC 数据库。CALIS 收录出版过作品的个人，重名的个人很多，而且 CALIS 库很多记录没有出生年信息，不利于聚簇。本章方法对 CALIS 聚簇效果比其他三个库差，需要进一步结合机构库、行业本体和分类库，提高个人实体的识别和记录聚簇效率。

图 4-5 显示排序后的各结果集总体聚簇效率，可以看出从记录数为 2 开始的

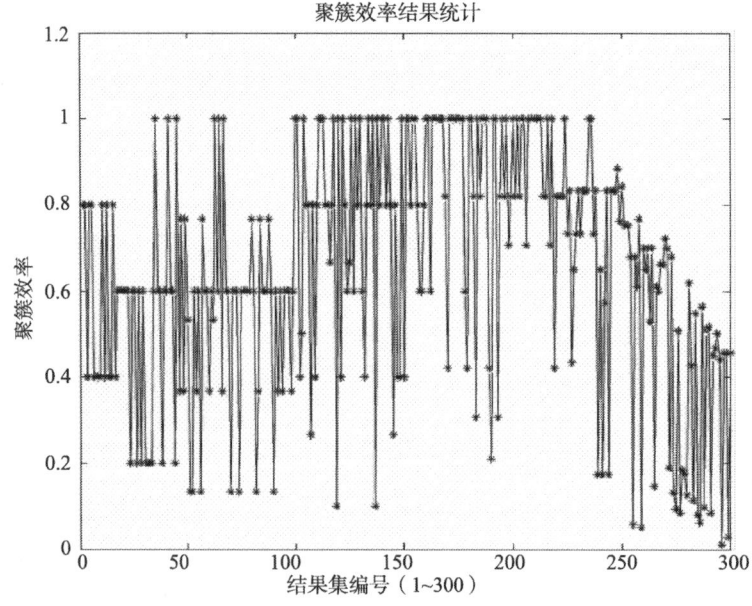

图 4-5 排序整理后结果集的聚簇效率统计

第 4 章 基于作品关系扩展的中文个人名称规范记录聚簇

右面大部分结果集，根据有无外联扩展记录两种情形，聚簇效率呈现两条轮廓线下降。分析原因是因为随着结果集内的记录数的增加，聚簇效率公式的后两部分减少，第一部分外联扩展记录数与集内记录数无关，所以呈现两条轮廓下降。图形尾部的结果集的聚簇效率也相对较低。

4.5 利用虚拟国际规范档的 CCS 记录进行关联扩展

4.5.1 CCS 规范记录号能否重定向到 VIAF 聚簇

4.3 节利用了 HKCAN 规范档中的外部 LC 记录号，重定向到 VIAF，从而扩展中文名称规范记录聚簇时书名关系。除此以外，能否利用 CCS 的记录号重定向到 VIAF 而扩展聚簇的书目关系呢？

虽然 CCS 不是 VIAF 首创或重要的来源机构，中国国家图书馆 NLC 和 CALIS 正处在和 VIAF 协商谈判加入 VIAF 的工作，所以本章前面对 CCS 作为虚拟国际规范档 VIAF 来源机构，并没有向 HKCAN 的外部记录号重定向功能进行扩展。一方面在本章前面关于个人规范名称钱学森的例子中，CCS 的记录号 AC000356529 确实无法重定向到 VIAF 记录中，而且在 VIAF 查询钱学森，其聚簇 79422641 中聚集了 12 条记录，首选标目中没有中文标目，多语言知识库 Wikidata 中首选标目也没有选择中文标签，而是按字母顺序排名第一的阿拉伯语标目，该聚簇中没有包含 CCS 的记录 AC000356529。

上述问题原因是作者刚开始以为 CCS 只是 VIAF 的实验来源机构，所以记录没有被聚簇。但是后来很多其他中国人名的 VIAF 聚簇中，有台湾 CCS 的记录，例如同样在查询语料中的名称巴金的 VIAF 聚簇中 19673501 聚集了 28 条记录，就包含了 CCS 的记录 AC000525761。如果能够利用 CCS 的记录号重定向到 VIAF 聚簇，对于中文名称规范档关联到 VIAF 将是一个很好的工具。作者尝试利用该记录号构造的 URI：http：//viaf.org/viaf/sourceID/CYT｜AC000525761 想重定向到 VIAF 聚簇，却没有成功。分析原因是 LC 的处理后规范记录中包含了 LC 规范记录的规范/源记录的 URI，台湾的处理后记录中没有规范/源记录的 URI 地址这一项。而同是后期加入 VIAF 的 Wikidata 的处理后记录中有规范/源记录的 URI，所以可以如同美国国会图书馆的规范记录,使用记录号标识符构造 URI:http://viaf.org/viaf/sourceID/WKP｜Q13005,就可以成功重定向到 URI。聚簇中日本的记录 NDL｜00314419 同样有规范/源记录 URI,构造 URI:http://viaf.org/viaf/sourceID/NDL｜00314419,也可以成功重定向到 VIAF 聚簇。这样不完全推导得出一个假设就是 VIAF 来源机构名称规范记录,只要聚簇到 VIAF 中,并且该记录的处理后的规范记录中有来规范/源记录的 URI 项,就可以根据来源的规范记录号,重定向到 VIAF 聚簇,大大方便了习惯来源库规范记录用户对 VIAF 的使用。所以利用来源机构的记录重定向到 VIAF 的条件是以来源的规范档记录发布为关联数据,最起码的条件是每条规范记录有自己的固定的 URI。而中文名称规范档的四家机构的规范记录都没有固定的 URI,仅限于系统内部根据用户的关键词进行检索后返回结果。这样组织资源的结果,外部很难将自己的条目关联国内的规范档,在 Wikidata 中只能给出 CALIS 的记录号,而不能给出该记录的 URI。而中国国内的网络知识库百度百科只是保守坐等 CALIS 链入自己,而没有主动建立到中文名称规范档的链接,也和上述的中文名称规范档中单条记录没有固定的 URI 有关。按照该方面的建议组织规范档系统,就可以很好与国际知识库关联,加入关联开放数据组织和虚拟国际规范档。

4.5.2　VIAF 聚簇中的 CCS 记录的特征研究

以中文名称杨振宁为例,VIAF 检索框输入杨振宁后,系统给出系统中热门搜多项提示:1)杨振宁,1922;2)杨振宁,中国物理学家,3)杨振宁,美籍华裔物理学家,这些提示供用户参考。如果用户选择其中的提示,知识库可以更好理解用户的意图,准确给出用户的检索结果。不管用户是否选择提示中的内容,知识库给出的结果的聚簇个数不会太多,用户可以根据结果中标目内容和样本题名,比较准确地找到自己所要查找的内容,VIAF 中的杨振宁的聚簇 222662938,聚簇中给出该资源的永久 URI:http://viaf.org/viaf/222662938,其组成为域名/路径/ID,外部知识库可以很方便地关联到该聚簇条目,聚簇中也包含了到其他来源机构关联数据的关联,符合关联数据的原则,是 VIAF 也是关联开放数据云中的一员。

上述关于杨振宁的 VIAF 聚簇中,聚簇到 18 条不同来源库的规范记录,其中有台湾 CCS 规范记录 AC000003210,如同 4.5.1 中,利用该 CCS 记录号构造的

URI：http：//viaf.org/viaf/sourceID/CYT｜AC000003210，不能重定向到 VIAF 聚簇。研究聚簇中该记录中处理后的规范记录（VIAF 使用其中丰富的信息与其他规范记录匹配）中包含了 56 条的 Marc 919 字段内容，这些内容是从规范记录注释域源数据发现 Marc 670 项抽取的相关的书目题名信息，这些内容都是名称规范档与对应的书目记录链接的内容。

接着查看第 3 章实验下载的关于杨振宁的结果输出文档 Amarc_3007.xml，在文档中定位关于 CCS AC000003210 的记录。由于下载的格式是 CNMARC 格式与台湾 MARC 大同小异，存在一些不同，其中的关于书目题名的部分放在 Marc810 中和 marc830 字段（互动百科对应的资源）中，但是题名的个数和多语言的格式，远小于 VIAF 处理后的规范记录的 marc670 项数。在物理集成的四个来源库的检索结果中，CCS 记录中的 marc810 字段的书目题名是最多的，有最多的相应的书目记录的链接。

4.6 小　　结

本章通过 FRBR–LRM 框架的 E–R 分析方法将中国个人名称规范记录转化实体属性关系的 RDF 三元组语义表示，利用 HKCAN 的外部匹配记录号关联的 VIAF 聚簇关联扩展原记录及聚簇的作品关系等属性，进行中文个人名称规范记录基于个人实体的识别聚簇，从集内记录数到簇数的减少量以及最大聚簇关联记录数两方面看，本章的聚簇方法是有效的。本章构建的基于作品关系扩展的匹配证据可以在只有出生年匹配而卒年值缺失时，提高匹配的准确度；而在出生年和卒年信息都缺失时，提高发现匹配的可能性，补上因出生年信息缺失造成的匹配遗漏的记录。另外聚簇属性及作品关系扩展是基于关联外部知识库 VIAF，聚簇内的作品关系及其他属性信息显著增加，丰富了个人聚簇的上下文，部分解决个人责任作品的多语言匹配问题。

本章聚簇算法下一步将利用标识名称的附加信息和注释信息，结合行业本体和分类库，如职业本体和机构库等，扩展个人与机构、个人与职业的关系，提高个人记录的匹配识别和聚簇，并对扩展的关系作品集合、基于主题分类识别作品主题等，结合关系作品的出版社、出版年、共同作者等，尽可能解决责任作品名称的多语言识别问题，逐步达到对作品的实体识别，建立个人—作品—机构各类实体基于实体关系的正确关联，建立个人名称规范档和国际同行业规范档 VIAF 的关联，并且进一步可以关联个人名称规范档、书目规范记录、科研论文管理数据、科研基金管理数据和专业管理数据进行关联，为更广义的知识管理提供更加规范关联的基础数据平台和知识支持。

第 5 章

基于 Wikidata 的个人职业本体构建[①]

前面第 3、4 章的中文个人名称规范记录聚簇算法对个人名称和作品题名基本是基于文本的匹配，各个来源机构对作品的收录覆盖面不同，作品题名采用不同的格式、不同的语言表示。尽管 VIAF 聚簇中包含的作品量比较大，但分散为不同的语言格式表示，另外还有些题名的属于泛化的题名如王涛作品集，其可能是文学作品、也可能是美术作品或音乐作品，从文本的层面无法判断，所以有必要利用名称规范记录中附加的其他社会信息辅助个人记录的匹配聚簇。对于记录中的属性和关系值需要从文本字符串层面上升到概念类关系实体层面，语义化研究包括名称的实体化研究和本体化的研究两个层面，实体化主要研究名称的识别，包括同一实体不同名称的识别聚集以及同一名称的不同实体的重名实体的辨歧识别；本体化研究在实体识别的基础上，根据实体不同侧面的属性值，对实体进行分类层次关系研究。

5.1 中文名称规范检索系统结果集附加信息识别问题

分析中文名称规范检索系统的检索结果集详见表 5-1，作者发现 CALIS 标目附加信息生卒时间缺失严重，22 条中 20 条缺失。其他附加大多数是和个人职业活动相关的学科、行业属性，没有遵照统一的本体的分类法进行标注，彼此之间交叉或从属，如第 20 条所列的自然科学，概念宽泛，是许多所列学科的上位类，第 6 条的经济与第 10 条的银行、第 21 条证券之间存在交叉和从属关系，使

[①] 本章内容基于作者发表的论文修改：王瑞云，贾君枝. 基于准马尔可夫过程的 wikidata 职业类的层次关系分析. 情报学报，2017，3：241-248.

个人社会属性无法有效匹配。

如果遵循一定的规范体系，参考外部知识库，对个人名称规范记录的附加社会属性值构建本体，将对人名名称识别具有重要意义。科研专利管理、科研合作网络研究中作者、专利主体发明人都建立规范数据库进行管理，各个行业总结研究的名人录和百科全书中的人物传记文章及其图书馆构建的个人名称规范档都是个人名称规范管理的重要来源。

维基数据（Wikidata）的数据和类目关系是个人名称规范档进行匹配聚簇关联的重要参考，Wikidata 从维基百科的传记文档中提取了大量的结构化数据，并且利用实体标识符解决了这些实体及属性数据的跨语言问题，所有的属性值及有关实体都可以作为查询的条件分类组织数据集。倪子健等利用维基百科数据研究本体网络的复杂性和演化特征，维基基金会的研究人员基于 Wikidata 的事实条目并结合 WordNet 本体，构建网络知识本体 YAGO。对于构建名称规范数据职业类目体系问题，本章研究 Wikidata 有关中国个人的职业类目及其类目关系特点，利用 Wikidata 提供的批量数据下载 APP，以中国人名信息及其职业关系为考察对象，分析 Wikidata 知识库的特定子集—中国人名关系职业的本体层次分类，分析 Wikidata 的职业描述特性，为中国人名规范化管理及其构建良好的职业分类体系提供参考，希望能为科研管理、科研合作研究、创新者特征研究提供基础信息。

表 5-1　　检索结果集中与职业相关的标目附加信息实例

序号	标目值（附注）	序号	标目值（附注）
1	王涛（地图）	12	王涛（企业名录）
2	王涛（年历）	13	王涛（1936~2011，林学）
3	王涛（建筑）	14	王涛（哲学）
4	王涛（成语）	15	王涛（智能控制）
5	王涛（政治）	16	王涛（机械）
6	王涛（经济）	17	王涛（法律）
7	王涛（翻译）	18	王涛（石油天然气）
8	王涛（英语）	19	王涛（水利）
9	王涛（计算机）	20	王涛（自然科学）
10	王涛（银行）	21	王涛（证券）
11	王涛（诗歌）	22	王涛

5.2 Wikidata 个人名称数据的职业表示方法

Wikidata 数据模型中定义了 Human（人）类和 Occupation（职业）类。每一个 Human 的实例对应 Wikidata 人名条目，Occupation 类的实例对应 Human 实例中的 Occupation 属性值。类与类之间关系包括两种类型：Human 实例集和 Occupation 集之间关系和基于 subclass of 的 Occupation 类间的上下位关系。

Human 实例集和职业实例集之间关系是多对多关系，每个 Human 实例可以对应多个 Occupation 实例，这多个 Occupation 实例可能是同类相容的，也可以是不同类的；甚至可以是空的。反之，每种 Occupation 实例在 Human 实例集合中有多个实例关联。我们用有向图表示两个类实例间的关系：其中用矩形框表示 Human 实例，用椭圆框表示 Occupation 实例，用箭头线表示 Human 实例从事过该 Occupation 实例。

例如图 5-1 表示在 Wikidata 中查询 Human 实例 Q462843，其职业属性值有 4 个（Q593644，Q1622272，Q2114605，Q205375），每个都是一个 Occupation 实例；而 Occupation 实例 Q205375（发明家）出现在以上两个 Human 实例的属性值中，当然还可能出现在其他 Human 实例的职业属性中。这种多属性值不符合本体中属性值的函数定义，更准确地说是一种 Human 实例到 Occupation 实例的多对多关系，上述的 2 个 Human 类实例及其关系的职业实例组成一个 7 行的关系，每一行反映 Wikidata 中的一条事实，如图 5-1 所示最左边的一条有向线表示下面的一个事实：屠呦呦 Q462843 的职业为化学家 Q593644。

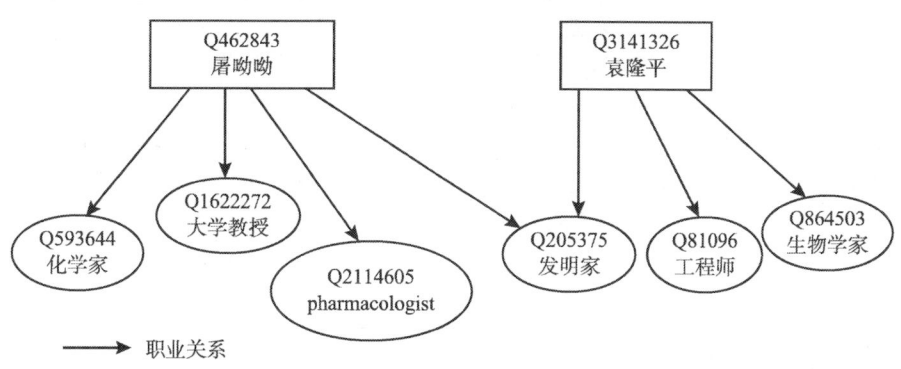

图 5-1 个人—职业关系例图

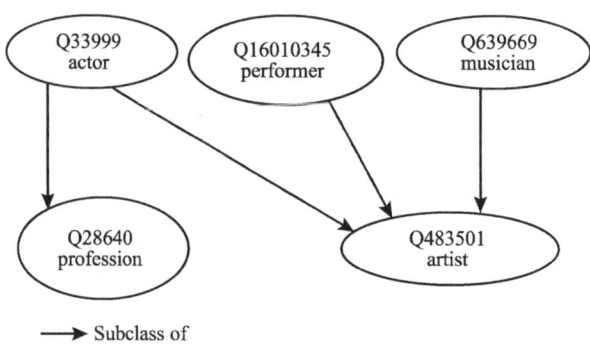

图 5-2 职业上位关系例图

职业实例集合内部的上下位关系也是多对多的关系，根据职业条目在 Wikidata 中的 subclass of 属性，可以得到职业的上位职业。每个职业的上位职业在 Wikidata 中可以有多个，即每个职业对应多个上位职业，而从日常常识推论得到上位职业是同一个职业的下位职业可以有多个。例如图 5-2 所示职业 Q33999（actor）的上位职业有 2 个，Q28640（profession）和 Q483501（artist）；而 Q483501（artist）的下位职业有图中的 3 个，Q339999（actor）、Q639669（musician）和 Q16010345（performer），还有其他下位职业在图中没有涉及。

每个职业实例都是一个独立 Wikidata 条目，有自己的唯一性标识符及 URI、多语言标签，描述（相当于概念定义）同义词、上位词等，形成了一个完整的概念。各个概念之间根据上位关系以及实例范围可以构成一个层次级的概念关系网，即职业本体网络。例如职业 Q177220（歌手 singer）的条目及其上位条目，可以得到下面的 RDF 三元组语义信息，详见表 5-2。

表 5-2　　　　构建职业例子本体的 RDF 三元组定义

主体	谓词	值
Q177220（1）	英文标签	Singer
Q177220	简体中文标签	歌手
Q177220	所属类的实例 instance of	Q12737007（Occupation）
Q177220	上位类　subclass of	Q2643890（Vocalist）
…	…	…
Q2643890（2）	上位类　subclass of	Q639669（musician）

续表

主体	谓词	值
Q2643890	上位类 subclass of	Q16010345（performer）
Q639669（3）	上位类 subclass of	Q483501（artist）
Q16010345（4）	上位类 subclass of	Q483501（artist）
Q483501（5）	上位类 subclass of	Q2500638（creator）
Q2500638（6）	上位类 subclass of	Q28640（profession）
Q28640（7）	上位类 subclass of	Q12737007（occupation）

表 5-2 的 RDF 信息中包含了 6 个 Occupation 类实例，用有向图表示其上位关系，Occupation 类实例用椭圆形结点表示，椭圆内第一行数字表示结点编号，第二行是 Occupation 类实例在 Wikidata 中的标识码，用有向边表示两个职业的上位（subclass of）关系，建立有向图如图 5-3 所示。第 7 个结点表示所有 Occupation 类实例所属类的最顶级类，用虚线表示。

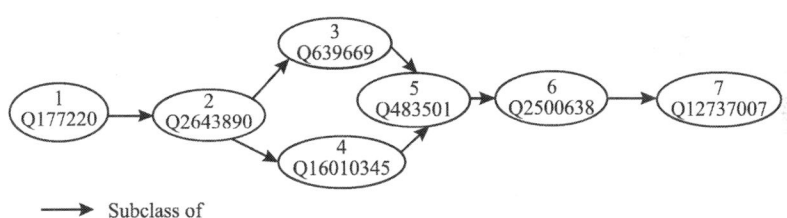

图 5-3 职业实例上位类关系的有向图表示实例

采用有向图表示关系的优点是较直观，但是在节点和边数量较大时，不便于计算和分析。根据计算机数据结构理论和图形论理论，对有向图采用邻接矩阵方法存储，可以利用大规模矩阵计算软件分析有向图的结点和关系边的特征并可视化表示。所有结点及其之间的上位信息用矩阵表示，结点数对应矩阵行数，第 i 行表示结点 i 的直接上位结点信息，矩阵元素 $SubC[i, j] = 1$，矩阵第 i 行 j 列元素值为 1，表示结点 i 的上位结点（即 subclass of 结点）是 j，否则 $SubC[i, j] = 0$，表示结点 i 的上位结点不是 j，图 5-3 有向图表示为下面的矩阵 SubC，如下所示：

$$\text{SubC} = \begin{bmatrix} 0 & 1 & 0 & 0 & 0 & 0 \\ 0 & 0 & 1 & 1 & 0 & 0 \\ 0 & 0 & 0 & 0 & 1 & 0 \\ 0 & 0 & 0 & 0 & 1 & 0 \\ 0 & 0 & 0 & 0 & 0 & 1 \\ 0 & 0 & 0 & 0 & 0 & 0 \end{bmatrix}$$

5.3 基于准马尔可夫过程的职业层次关系分析

以 Wikidata Human 类实例集合的中国人子集为研究对象，抽取与中国人实例子集有关系的 Occupation 类实例，追溯查询其上位类（subclass of），直到不再属于 Occupation 实例范围。用矩阵形式存储 Occupation 实例之间的上位关系，利用矩阵可视化显示 Occupation 实例上位关系的平面分布，并对矩阵计算得到各 Occupation 实例的上下位结点个数统计特征，最终计算得到所有 Occupation 实例的可达上位关系的所有路径。对于结点具有多个上位结点组成的特殊复杂网络情景，采取准马尔可夫过程方法计算其上位归类情况，得出 Wikidata 职业层次分类的复杂性特征的初步描述。

5.3.1 职业条目数据的获取

采用 SPARQL 查询语句从 Wikidata 的查询服务用户端，查询下载国籍属性属于中华人民共和国的个人名称条目，再获取个人名称条目相关的职业实例集，使用以下的 SPARQL 查询语句，共得到中文个人名称 10 880 条，共有 9 729 行与职业相关的事实。

SELECT ? personID ? personIDLabel ? occup ? occupLabel
WHERE
{
  ? personID wdt:P31/wdt:P279 * wd:Q5.
  ? personID wdt:P27 wd:Q148.
    ? personID wdt:P106 ? occup.

第 5 章 基于 Wikidata 的个人职业本体构建

　　SERVICE wikibase:label{bd:serviceParam wikibase:language"zh,en"}
}
order by （?personID）

上述 SPARQL 查询得到的结果集涉及有 4 列，是条目 Human 和 Occupation 之间存在的事实关系表，下载的表格数据集符合数据库的关系定义，每个数据项不可分，所以可以导出转化为数据库的关系表。转化的关系表是后续研究的基础语料库 Human_Occupation 关系表。

对 Human_Occupation 关系表进行投影，采用 SQL 语言可以得到 Human 表和 Occupation 表。Human 表有 10 880 行，表示 10 880 个人物条目的标识符和标签，Occupation 表 382 行，表示 382 个职业条目，这些职业条目都有人物条目关系事实。

对 Human_Occupation 关系表，使用 SQL 语言的聚簇函数工具进行统计分析，不考虑职业之间上下位关系，根据职业标识符进行分组统计各职业的从业人数，得到的职业人数最多前 20 位职业详见表 5 – 3，表中的前 20 个职业共包含了 5 809 关系，占总数 60%（带 * 号第 5 列和第 10 列是根据后面的直接或可达矩阵计算得出的职业属于的顶层职业）。人数最多的前 20 位职业中，最多属于 38 Sportman 分类，接着是艺术家，只有序号 7 昆虫学家属于科学家和研究者范围，与 258 个 Human 实例关联，关联人数远远大于其他类的科研人员，分析原因是 Wikidata 有一个专门 Wikispecies 数据源，专门收录生物种属的研究及其研究者。

表 5 – 3　　　　　　　职业初步分组统计结果（前 20 名）

序号	职业 ID	职业	人数	序号	职业 ID	职业	人数
1	Q937857	足球运动员	1 191	11	Q1028181	画家	171
2	Q33999	演员	713	12	Q36834	作曲家	155
3	Q177220	歌手	548	13	Q15117302	排球运动员	152
4	Q11513337	田径运动员	453	14	Q3665646	篮球运动员	140
5	Q82955	政治人物	435	15	Q13382519	乒乓球运动员	125
6	Q13141064	羽毛球运动员	307	16	Q13381863	击剑运动员	108
7	Q3055126	昆虫学家	258	17	Q2309784	自行车赛车手	107
8	Q10843402	游泳运动员	238	18	Q13219587	花样滑冰运动员	103
9	Q36180	作家	231	19	Q28389	编剧	102
10	Q2526255	电影导演	183	20	Q13381572	艺术体操运动员	91

5.3.2 职业上位关系的矩阵表示与特征研究

分析 Occupation 表，可以看出每个 Occupation 实例都与人名关联，即每个职业都有对应的人名，但是各个职业类的细分程度差异较大，既有如"花样滑冰运动员"这类具体性职业名，也有宽泛的上位职业名称，如"运动员"，两者之间还存在着多层上下位类关系。

参照 Wikidata 的 Occupation 条目语义，利用 Occupation 类实例条目的 subclass of 属性，将各类型职业建立了上下位关系，形成了职业本体。通过查询 Wikidata 在线数据库，并参考对照瑟奇·斯特拉坦（Serge·Stratan）开发的 Wikidata Taxonomy Browser 工具，可以得到 Occupation 集中所有职业的及其上位职业的关系，共有 545 个关系，484 个职业。其中 102 个职业在中文人名中没有被使用，即在 Human 关系中没有个人实例。

为了更好地研究职业本体的上下位的继承层次关系，现把上下位关系的有向图采取邻接矩阵存储，用 484×484 的稀疏矩阵 Sub 存储 484 个结点间的 545 个关系，矩阵元素定义如上文 5.2 部分。利用 MATLAB7.0 工具对矩阵进行计算分析和可视化研究，采用稀疏矩阵的 spy（）可视化显示矩阵的非 0 元素分布，如图 5-4 所示。直接上位矩阵分布如图 5-4 的左上子图所示，分析职业直接（1次）上位矩阵和图形，可以得到直接上位关系的一些明显特征。

（1）直接上位矩阵是一个关于自身点直线（图中从左上到右下角直线）不对称的矩阵，即 SubC(i, j) = 1，则 SubC[j, i] = 0，SubC[i, i] = 0；

（2）矩阵 i 行元素全为 0，则 i 为最顶层职业，不再有上位职业，如果 i 在 Wikidata 中存在上位 item，而 item 不是职业的实例，不在本研究的关系范围内。计算直接上位矩阵各行 i 行元素和，得到 $\sum_{j=1}^{484} SubC[i, j] = 0$ 的行有 65 个，即有 65 个最上位职业，其中和国内人名关联的职业 36 个，没有关联的有 29 个。例如最上位顶层职业 383（competieve player）没有与人名关联。

（3）矩阵 i 列元素全为 0，则 i 位为最下位职业，该职业在本章研究范围没有更细分的职业。计算 1 阶矩阵各列 i 列元素和，得到 $\sum_{j=1}^{484} SubC[j, i] = 0$ 的列有 291 个。可以看出，76% 职业名称都属于最下面的叶子节点，不可再细分。

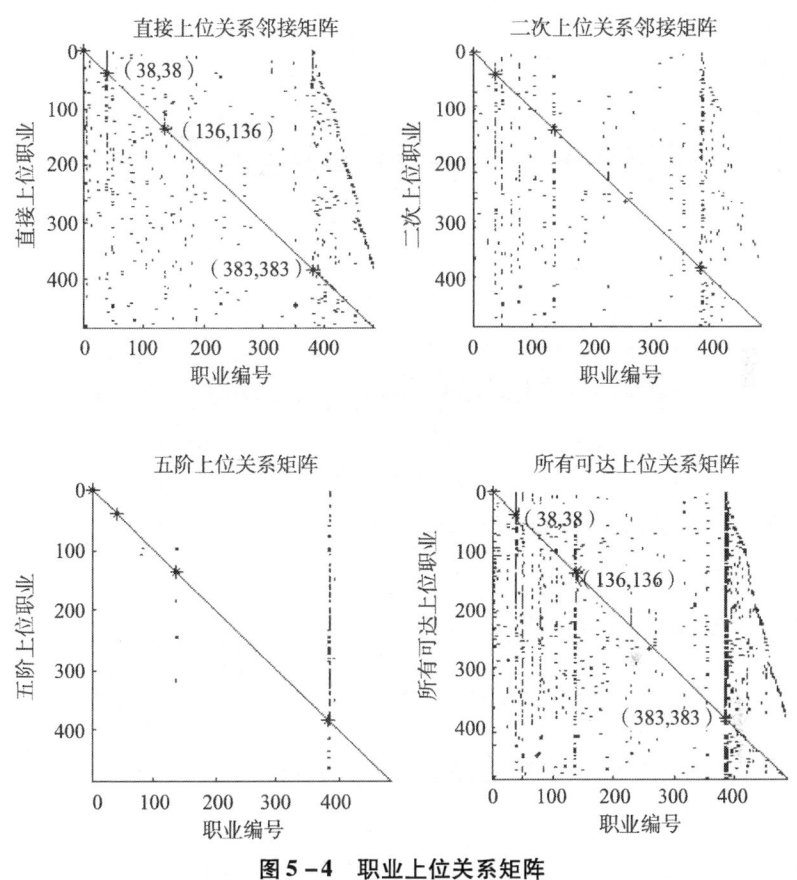

图 5-4 职业上位关系矩阵

（直接（一阶），二阶，五阶，以及所有可达上位关系矩阵）

通过对直接上位矩阵分析，结果可视化如图 5-5 所示，每一个节点的上位职业个数最多4个，与传统分类体系中每个概念有且仅有 1 个或 0 个父类不同，Wikidata 的职业本体层次分类不是一个树形层次，而是多个网络图构成。职业的下位职业个数除了最下面叶子节点为 0 外，从 0 到 52 不等。由于本章研究是 Wikidata 职业的一个子集，下位职业数量必然小于等于 Wikidata 的所有下位职业个数。

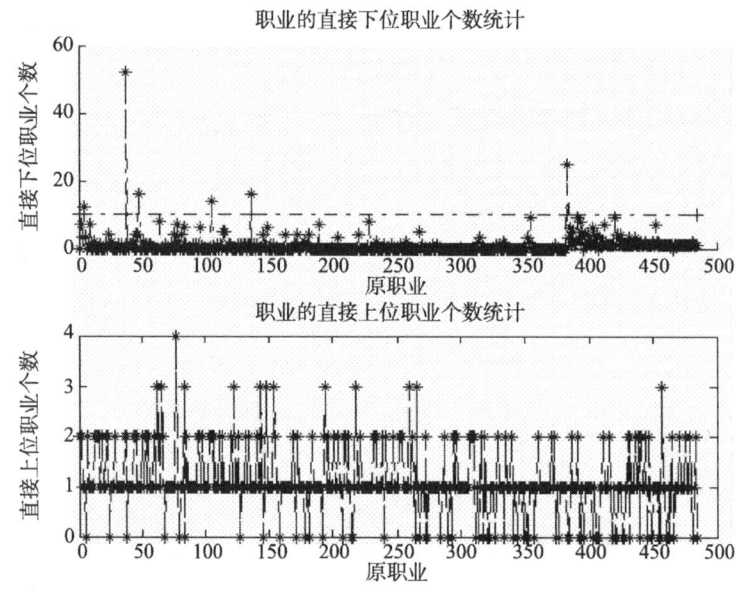

图 5-5　职业的下位职业、上位职业个数统计特征

5.3.3　职业上位关系矩阵的准马尔可夫转化

职业类中的 subclass of 关系具有可传递性，图 5-3 有向图中，节点 1→2，2→3，则 1→3，即 1 是 2 的子类，2 是 3 的子类，则 1 是 3 的子类成立。关系的上位传递过程类似于状态转移过程，结点 5 可由前面关系 3→5，4→5 上位推导得出，而 5→6，6 的上位只由 5 决定，与 5 的前面结点是 3 还是 4 无关，这个特性符合马尔可夫过程的条件。马尔可夫过程是研究基于概率的状态转移情境，一些领域学者在文本模糊识别分类中使用准马尔可夫过程方法。本章考虑职业上位分类的复杂性，将直接上位矩阵转化为马尔可夫矩阵研究，并利用马尔可夫过程转移方法研究职业的直接上位关系以及传递性导出所有可达上位关系的所有可能情景。

将上述的上位关系矩阵用类似于马尔可夫过程的方法研究，上位关系符合马尔可夫特征。每个职业的直接上位与本职业有关，而与得出它的下位职业无关，对于马尔可夫过程的第二个特征，每个状态可能转向多个下一级状态，转向各状态的概率和为 1，我们将归结为多个上位关系表示这种转移关系，对于式 5.2 中定义的直接上位关系矩阵进行如下转化变为马尔可夫矩阵：

第5章 基于Wikidata的个人职业本体构建

$$\text{row}_i = \sum_{j=1}^{484} \text{SubC}[i, j] \tag{5.1}$$

$$\text{SubC}[i, j] = \frac{\text{SubC}[i, j]}{\text{row}_i}, \ \text{row}_i > 0 \tag{5.2}$$

转化后的矩阵符合马尔可夫过程矩阵的第二个特征：每行元素的和为1或0，

$$\sum_{j=1}^{484} \text{SubC}[i, j] = \begin{cases} 1, & (\text{row}_i > 0) \\ 0, & (\text{row}_i = 0) \end{cases}$$

经过上述转换得到的直接上位的马尔可夫矩阵，也是一个稀疏矩阵，非0元素的分布与转换前的矩阵分布类同，如图5-6所示的左上子图。该矩阵可以进行类似马尔可夫状态转移运算，得到各阶上位矩阵的非0元素分布与原矩阵各阶上位关系相同，只是各元素值不同，不全为1，而可能位于区间（0，1]。马尔可夫矩阵的直接上位矩阵与原来的矩阵比较，如图5-6所示，结点所在行全0的结点个数与原矩阵相同，有65个，为没有上位结点的顶层职业，结点所在行上有非0元素情景与原矩阵不同，结果如下：

（1）结点所在行非0元素值为1的结点，有309个，占总结点的63.8%，分类体系等同于传统的树形层次分类，结点只有一个上位节点；

（2）结点所在行上非0元素值处于（0，1）之间的结点，有110个，占总结点的22.7%，这些结点，有多个上位结点，分类过程具有复杂性，可能归入多个上位类，形成一个复杂的网络结构。可以看出类目划分不是严格的一个层次关系，而是从多个角度进行分类，包含了丰富的多视角的分类层次信息。

直接上位矩阵乘积可以得到二阶（二次可达）上位职业，如图5-4所示的右上子图。往上进行矩阵乘法，如图5-4所示左下子图是五阶可达上位矩阵，从图5-4所示前3个子图可以看到，较高阶可达矩阵中不为0的点逐渐减少，到SubC的八次矩阵乘积，只有一个元素非0，加总各阶上位可达矩阵，可以得到整个职业上位关系有向图的最长的一条可达路径，包括8个上位层次关系，回溯可以得该最长路径为：

95→246→413→414→141→81→136→385→384

上面最长路径中第一个结点95的职业为Q1662561，标签为古生物学家（paleontologist），我们用Wikidata的ID标签在Wikidata taxonomy browerser应用APP查询，作为参照比较研究。

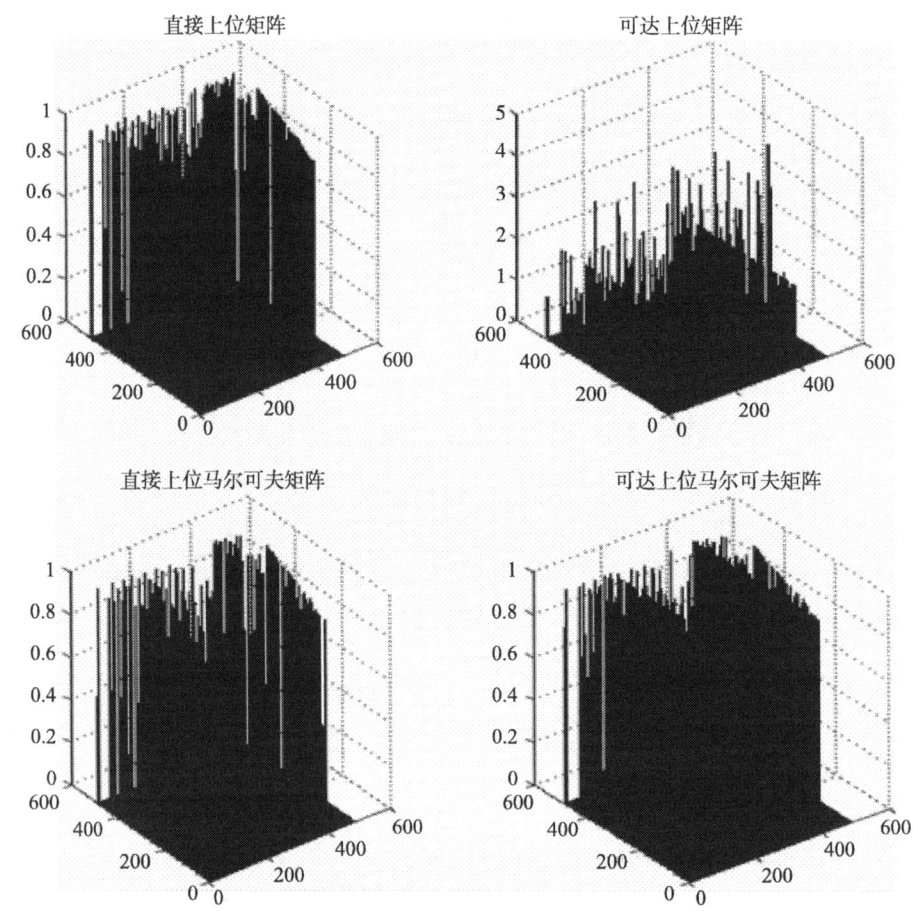

图 5-6 原上位关系矩阵（上）与马尔可夫矩阵（下）

以 Wikidata 的全体职业数据为研究范围研究职业类层次关系结果如图 5-7 所示，本章研究的是在以下两方面限定 Wikidata 的子集：国籍为中华人民共和国的个人条目相关的职业；不排除存在可能在 Wikidata 存在下位职业，该职业不在本研究范围内；研究职业的上位词限定为职业的实例集范围，所以本研究 Wikidata 分类树中划定范围到 Profession，它的上位词 Occupation，不再是 Occupation 的实例，在研究范围外。通过对比发现，两者结果基本一致，如编码 1（Q937857 足球运动员）的职业，其 subclass of 类型的直接上位职业有 38（Q2066131，sportsperson）和 383（Q18536342，competitive player）两个，在 Wikidata taxonomy browerser 有 3 个，还有一个实例类型关系的职业 384（Q28640，profession），由于本章研究只选择 subclass of 关系进行上位职业推理，instance of 关系只用于划定是否属于职业的条目范围，可以看出本方法对分类层次识别更加有效。

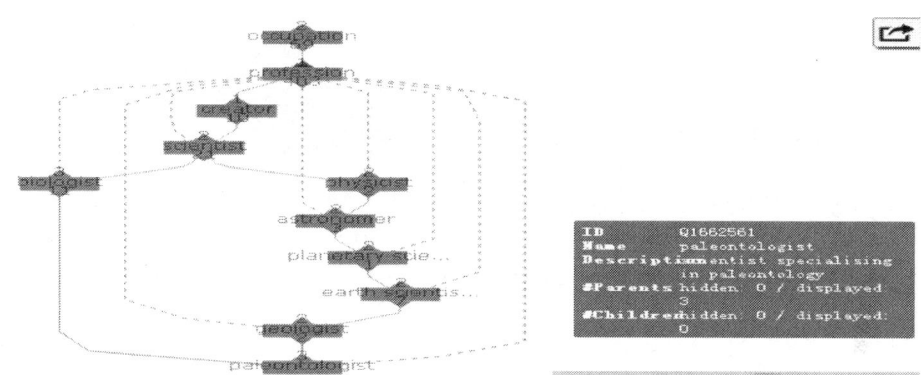

图 5 - 7　参照的 Wikidata taxonomy browser 查询 Q1662561 条目的上位层次

图形来源：http://sergestratan.bitbucket.org/

5.3.4　结果分析

我们从职业直接上位矩阵乘积的加法和得到了职业的所有可达矩阵，分析得到其中下位职业最多的 10 个职业，并结合职业的层次位置，找出其中属于顶层职业的下位职业多的职业为分类信息比较丰富完全的职业，对于不是顶层职业，找出其所属的顶层职业，最后得到 Wikidata 数据中中国人名中 10 大职业的顶层分类职业，详见表 5 - 4。

从表 5 - 4 可以看出可达和直接下位职业个数前 10 的职业的顶层职业为 384（profession）、38（sportsperson）、383（competieve player）、420（health professional）。以结点 384 为上位结点的下位职业子树包含了最多的职业节点，而且在可达下位职业个数前 10 的职业还存在着上下位关系推导：$64 \rightarrow 48^* \rightarrow 385 \rightarrow 384$ 和 $105 \rightarrow 387 \rightarrow 136^* \rightarrow 385 \rightarrow 384$。38 直接下位职业个数最多，383 第二，38 和 383 不存在上下位关系，是不同视角的职业层次分类。

表5-4 按直接（左4列）和可达（右4列）下位职业个数统计的前10个职业

序号	职业编号（名称）	直接下位职业个数	对应顶层职业编号（名称）	序号	职业编号（名称）	可达下位职业个数	对应顶层职业编号（名称）
1	38 运动员（sportsperson）	52	38 运动员（sportsperson）	1	384 专业人士（profession）	206	384 专业人士（profession）
2	383 竞技者（competitive player）	25	383 竞技者（competitive player）	2	385 创造者（creator）	203	384 专业人士（profession）
3	136 科学家（scientist）	16	384 专业人士（profession）	3	38 运动员（sportsperson）	99	38 运动员（sportsperson）
4	48 艺术家（artist）	16	384 专业人士（profession）	4	136 科学家（scientist）	95	384 专业人士（profession）
5	105 生物学家（biologist）	14	384 专业人士（profession）	5	48 艺术家（artist）	77	384 专业人士（profession）
6	4 田径运动员（athletics competitor）	12	38 运动员（sportsperson）	6	78 作家（author）	41	384 专业人士（profession）
7	391 乐器演奏者（instrumentalist）	9	384 专业人士（profession）	7	387（naturalist）	28	384 专业人士（profession）
8	420 医疗服务从业者（health professional）	9	420 医疗服务从业者（health professional）	8	105 生物学家（biologist）	27	384 专业人士（profession）
9	64 音乐家（musician）	8	384 专业人士（profession）	9	383 竞技者（competitive player）	27	383 竞技者（competitive player）
10	394 人文学家（humanities scholar）	8	384 专业人士（profession）	10	64 音乐家（musician）	24	384 专业人士（profession）

表5-5给出关联中国人名实例最多的前20个职业及其顶层职业信息，其中排序5的职业为政治家（politician），它是Wikidata中常用的顶层职业。在Wikidata taxonomy browerse中可以查到13个下位职业，在本章研究涉及数据中下位职业有6个。可以看出，中国人名的politician职业细分并不详细，有435个中国人名的职业直接定义为politician，不再细分。因此从所研究的中国人名与职业关系

看，人名职业类型名称给定较宽泛，相比 Wikidata 职业类目体系，细分度总体偏低，有人名关联的 382 个职业中，属于顶层职业有 36 个，占研究中所有顶层职业（65 个）的 56%。

表 5-6 是表 5-5 中顶层职业为 384（profession）的职业的具体分类路径信息，384（profession）是上位关系推导出的最后一个结点，其可达的路径有多条，但由于属于顶层类，并不直接作为职业分类的依据。同样，所有顶层职业为 384 的上位推导路径中，384 前一个是 385（creator），也是一个范畴不明确的职业类。与传统职业分类体系最接近的是 385 的前一个职业，分别为 3 个 Occupation 子类：48（artist），136（scientist），78（author）。职业 2、3、7、10 的上位关系路径有两条，这两条路径的矩阵元素有存在（0，1）之间的非整数值，体现上位分类的复杂性。其中 2、3、7 虽然分类中间存在分叉，最终都分在一个顶层结点 384，而结点 10 最终能归结到两个顶层结点 384 和 335（manager），体现了 Wikidata 职业层次分类的多视角特性。

表 5-5　　　　职业从业人数前 20 名的职业的顶层职业

序号	职业 ID	职业	人数	顶层职业序号	序号	职业 ID	职业	人数	顶层职业序号
1	Q937857	足球运动员	1191	38383	11	Q1028181	画家	171	384
2	Q33999	演员	713	384	12	Q36834	作曲家	155	384
3	Q177220	歌手	548	384	13	Q15117302	排球运动员	152	38383
4	Q11513337	田径运动员	453	38	14	Q3665646	篮球运动员	140	38383
5	Q82955	政治人物	435	5	15	Q13382519	乒乓球运动员	125	38383
6	Q13141064	羽毛球运动员	307	38383	16	Q13381863	击剑运动员	108	38
7	Q3055126	昆虫学家	258	384	17	Q2309784	bicycle racer	107	38
8	Q10843402	游泳运动员	238	38	18	Q13219587	花样滑冰运动员	103	38
9	Q36180	作家	231	384	19	Q28389	编剧	102	384
10	Q2526255	电影导演	183	384	20	Q13381572	艺术体操运动员	91	384

表 5-6　　职业关系人数前 20 名职业顶层为 384 的上下位信息

职业编号	职业 ID	职业标签	上位关系推导
2	Q33999	演员	2→48*→385→384； 2→384
3	Q177220	歌手	3→386→64→48*→385→384； 3→386→64→354→48*→385→384
7	Q3055126	昆虫学家	7→96→105→387→136*→385→384； 7→96→105→136*→385→384
9	Q36180	作家	9→78*→385→384
10	Q2526255	电影导演	10→172→48*→385→384； 10→172→334→335
11	Q1028181	画家	11→189→48*→385→384
12	Q36834	作曲家	12→64→48*→385→384
19	Q28389	编剧	19→9→78*→385→384

注：带*的职业类在文后使用，是对顶层职业的下面层的常用分类。

5.4　中文个人职业本体的推导

基于上位关系推导产生的顶层职业，对于中文职业本体的总体构建有很重要的参考意义。我们整理中国人职业层次的顶层职业，即上位矩阵中所有元素为 0 的行所对应的职业，其 subclass of 关系的上位已经明显超出职业 Occupation 的概念范围，利用 instance of 分析这些顶层职业，自上而下总结出职业本体的层次关系，如图 5-8 所示。其中职业的顶层类包括 position（427）和 profession（384），专业人士（professional）分支下包含绝大多数直接或间接的子类和实例。由于图幅限制，只给出 Occupation 下的三层的层次结构，运动员虽然是专业人士分支下一个实例，但它下面直接子类有 52 个，子类下还有更低层的子类。因为图幅限制只给出关联人最多的前 5 个子类。本章对职业进行分面分类研究，应选择本章职业子集分类最多的三个分类，如图 5-8 所示灰色标记的 3 个分面、职位、专业人士和运动员三个分类，但是运动员是 Wikidata 数据集注重收录的热门事件的个人项，与中文个人名称规范记录关注作品著作不同，所以为下一章建造职业分面主题，不选择运动员分类，而选择与作品著作紧密相关的学术人员分类。

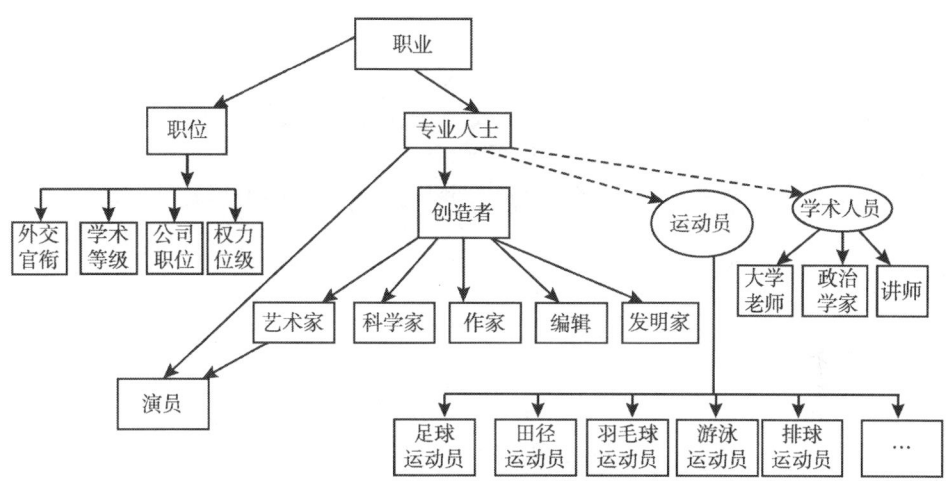

图 5-8　中国人职业子集本体推理结果

5.5　小结与展望

本章利用 Wikidata 中中国人条目的职业属性作为基础研究语料库，利用 Wikidata 职业类的上下位关系，构建关于中国人关联的职业子集的本体和层次结构定义，得到的中国人职业子集的层次分类，包含了不同于传统树型层次分类的复杂网络信息，表明 Wikidata 是从多个视角进行职业层次归类合并，推出中国人职业本体的顶层框架，为下一章构建关于职业分面主题选择提供了参考。

Wikidata 包含了大量的跨语言的类目结构信息，本章方法只研究了个人名称的职业及职业层次关系的分类特征，后面章节将需要深入探讨中国个人名称服务的机构名称本体的构建问题，为跨领域的个人名称识别提供更加丰富的规范化社会信息和人员分类信息。

第 6 章

基于主题模型识别的
个人名称规范记录聚簇

6.1 基于主题模型的记录语义结构化问题

名称数据包括个人姓名、西文名称、变异名称、出生日期、卒年、名称注释、注释、参考数据源、作品题名序列等信息，上述讨论中充分利用了结构化属性实现个人名称的聚类，但由于这些信息的不完备或者信息量少，并不能充分实现对个人名称的判定。而如何利用大量的名称、注释、参考数据源这类信息，能否充分利用主题模型识别参考数据源的作品主题，判断作品近似度的方法识别作品，并采用主题模型识别规范记录标目附加、注释文本中的社会属性，并利用基于 Wikidata 所构建中国人职业的本体层次框架成为本章讨论的重点。旨在从规范记录大粒度的结构化逐步精细到语义更精确的结构转化。

主题模型研究是自然语言处理和机器智能学习等交叉学科的热门问题，其中主题作为文档的词项概率分布从概率统计特征角度研究，通过词项在文档中的出现频率抽取语义相关的主题集合，将词项空间中的文档映射到主题空间，对文档降维处理，应用在语义信息的文档分类、智能检索、协作推荐等方面。主题模型以布莱的 LDA 为最经典的研究成果，以 LDA 为中心，大量中外学者提出各种情景下的 LDA 模型的改进和变形，可以参照 2.4 节的分析。

本书主题模型的文档语料有着特殊的结构特征，首先个人名称规范记录组成的文档都是短文档，每篇文档包含的词语数量都不大，结构上一般包含标目、注释和参考数据源三部分，有的文档更短，缺少注释或者参考数据源部分。本书研究文档主题和参数分布有着特定领域的特征。本章分析 LDA 扩展模型的具体应用条件和语料的上下文特征，构建适合文本语料特征的主题模型。

布莱和其他学者继其 2003 年的研究，扩展经典 LDA 到包括主题间相关的层级 LDA、两个主题相关的模型 CTM。李伟等（Wei Li, MeCallum·Andrew, 2006）又改建布莱的 CTM 模型到多个主体间相关，提出 PTM、层级 PTM，解决主题之间存在相关问题。

本书的主题模型并不能完全满足经典 LDA 的词袋假设，参照 LDA 扩展研究引入上下文信息扩展模型可以放松词袋假设的词项可交换性约束。格里菲思等（Griffiths, 2004）将通过隐马尔可夫模型 HMM 捕捉的句法结构信息和 LDA 的语义信息结合，提出 HMM – LDA；瓦拉赫（Wallach, 2006）扩充词项与对应主题关系，增加词项与前一个词的关系，提出超越词袋的主题模型；王学睿等（Xuerui Wang & A McCallum, Xing Wei; 2007）将词项搭配引入主题模型，词项不仅与前一个词项有关，而且受前一个词项的主题影响，将词项主题的分布改进到词组主题的分布，借鉴这些思想本章文档的分词采用基于词语搭配形成的词组或其中心词作为分词单元的分词方法。

面向特定任务如本书名称规范记录聚簇任务，重点分析执行同类任务的主题模型。斯太尔弗等（M Steyvers & P Smyth, M Rosen·Zvi et al; 2004）提出作者主题模型（Author – Topic, AT），其研究对象与本书研究个人名称的实体有很大的相关性。博伊德·格雷伯和布莱等（J Boydgraber & D Blei, 2010）提出一个基于 WordNet – LDA 模型（Latent Dirichlet AIlocation withRDNET, LDAWN），对于本书研究中的词汇表构造有很强的参考作用，中文词表是多层结构，借鉴 WordNet 的同义词思想，将主题词表最顶上两级的主题词作为分类的规范主题词，而将其下层类的主题词作为规范主题词的同义词处理。

6.2 中文个人名称规范记录的主题模型构建

6.2.1 中文个人名称规范记录的主题特征分析

中文个人名称规范记录个人的信息主要包括标目、注释、参考数据源，详细见图 3-1 和其后记录内容 CNMARC 格式文件。标目中包含个人名称（规范名称和变异名称）、生卒年、个人标注附加。个人规范名称和变异名称是名称规范档根据规范控制原则对书目记录进行汇集验证而建立，是名称规范档的主要成绩，本书第 3 章中直接用作可信的数据基础。个人名称加生卒年匹配是个人聚簇的最强可靠的方案，但是由于国内名人名称规范档记录中不包含准确到年的生卒年信息，甚至完全缺失。另外记录缺少极重要的显式的到书目记录的连接信息，需要计算处理。个人实体的属性还包含学科隶属信息、职业信息、相关的时间、地点等，但这些信息在个人名称规范记录中分散隐含在附加和注释文本中，没有明确结构化标签标注，给属性识别带来困难。职业属性是个人重要的社会属性，出现很多规范记录中，如第 5 章开头提到的王涛的 CALIS 记录中。这些属性值之间缺少明确的类层次关系，不利于等价相容的语义匹配。

根据第 5 章中国人职业子集本体的最后推导结果，我们得知 Wikidata 中中国人的职业子集本体是一个复杂的网状结构，不是经典的树型结构。不同于树型结点的结点只有一个上位，很多结点有多个上位结点。本章选择图 5-8 靠近顶层结点职业类（Occupation）的 3 个大类，职位（position）、专业人员（profession）和学术人员（academic）作为职业基本相关分类；再根据个人名称规范记录特点把学术人员再分为学科、最高学位、毕业学校三个分类，把职位等级细分为职称等级和荣誉头衔两个分类，最后构建适合中文个人名称规范记录的职业的分类图，如图 6-1 所示。参照胡昌平老师对科技文献检索中基于主题词表分面改造的分面构建方法，将职称等级、荣誉头衔、行业、学科、最高学位、毕业学校 6 个分类作为职业的 6 个相关的主题分面。

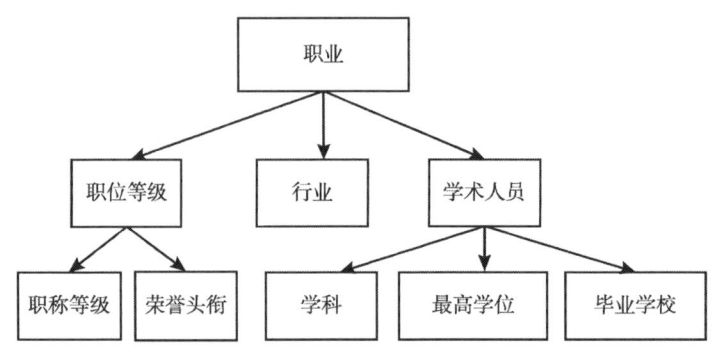

图 6-1 中文个人名称规范记录的职业的分类

6.2.2 主题框架构建

根据职业的相关分面主题,结合研究语料中文个人规范记录文档原有的个人基本属性关系如生卒年、名称、出生地、工作机构、作品题名及相关主题,建立个人的分面的主题框架结构,详见表6-1。个人分面主题主要包括个人基本信息分面的出生年、卒年、国籍、母语、民族、出生地、工作机构;职业相关分面的行业、职称等级、荣誉头衔、学科、学位等级、毕业学校等;个人作品关系分面的作品责任、作品题名、作品主题、出版社、出版时间、共同作者等。其中带*的主题为本章基于主题模型分析而添加的属性。其中作品主题可以利用汉语分类主题词表进行作品主题语义分析;行业可以根据汉语行业表词表,分析行业的语义关系;学科应用中文学科表分析其语义关系。职称等级把不同行业的职称等级对应到五级分类,荣誉头衔只提取列表中的国家级荣誉如中科院院士、工程院院士、诺贝尔奖获奖者等荣誉头衔。

6.2.3 主题词抽取方法

从中文个人名称规范记录的各大部分内容连接组成一篇文档,标目部分的生卒年由于其格式简单,在前面第3、4章已经完成语义抽取。记录控制号、来源和标目的括号内注释分别作为一个简单句加入文档,标目括号内注释采取分类尝试的抽取主题词方法:首先进行性别两个主题词比对,不匹配的话,就放入文档,进入本章的分类的主题词抽取。注释部分的所有语句,以句为单位,进行主题词抽取。参考数据源每一条目,作为一个组合语句加入文档,可以抽取多个主题词。其中题名按照中文主题词表进行主题词抽取。

表6-1　　　　　个人分面的主题框架结构

分面主题	主题	类型	主题词范围
规范记录	标识符	原有的结构化属性	—
	来源机构库	原有的结构化属性	NLC、CALIS、HK、CCS

续表

分面主题	主题	类型	主题词范围
个人基本信息	生年	原有的结构化属性	—
	卒年	原有的结构化属性	—
	国籍	新加文本类型	—
	母语	新加文本类型	—
	民族*	中国56个民族及简称	—
	出生地*	地理位置	国家、省、市、县
	工作机构*	机构名称	专有的机构名称
职业相关	行业*	—	中文行业表
	职称等级*	—	国家级、特级教授、教授、副教授、讲师
	荣誉头衔*	—	中国科学院院士、工程院院士、诺贝尔奖获奖者
	学科*	—	汉语学科表
	毕业学校*	机构名称	—
	学位等级*	—	博士 硕士 学士
作品信息	责任关系	与作品的关系	作者、译者、专著、其他
	作品题名	原有的结构化属性	原来的结构化属性
	作品主题*	—	汉语主题词表
	出版社	机构名称	—
	出版时间*	时间跨度（年）	—
	共同作者*	个人名称	—
外部链接	外部知识库	原有的结构化属性	LC、baidu
	控制号	原有的结构化属性	—

注：带 * 号的主题是本章基于主题模型分析而添加的属性。

本章选择主题采用表6-1中前两列的组合为23个，其中母语和国籍由于本书研究的是中文人名，这两项对于个人的识别意义不大，不做研究。作品关系统一定位责任关系不研究。剩下研究20个主题，分以下三种方法处理：

（1）标识符、来源机构库、生年、卒年、作品题名、共同作者、出版社、出版时间、外接数据库、外接控制号，根据上下文相关模版直接提取最大词组。例如特殊的语句模型，注释中文字"…出生…"前后提取出生年、出生地。在参考数据源为首标注的句子中根据格式中"/"前提取作品题目,"/"后面提取共同作者,":"提取出版社,出版时间。

(2) 对于工作机构利用从 Wikidata 下载的 locate 属性在中国的所有机构形成基本机构库查找,如果基本机构中有提取的词组,对该词组增加 Wikidata 和 VIAF 标识符的外部关联标注;对基本库中没有的新出现的名称,在词库中添加新词组的方法。对于性别、民族,与给定的名称和简称列表匹配后提取,并规范表示。

(3) 学科、学位和毕业学校这些主题一般首先根据注释中的语句模式"毕业"前后提取;职称级别、专业、荣誉头衔可能包含在标目的括号中,或单独为一个短句,或放在注释部分机构名称后面,或为机构名称词组搭配的限定词。对所有这些词语利用汉语分类主题词表、中文行业表、学科表词表、职称等级分类表、荣誉头衔组成的词表,采用 LDA 文档—主题—单词方法。主题词表组成如下:行业采用国民经济行业分类与代码 10 大类的 332 个主题词下的 1 424 个具体词组作为入口词组,学科采用 62 个一二级类作为主题词下的 3 669 个入口词组,职称级别采用初、中、高、正高、特高不同系列 20 个级别主题词;出生地为 333 个地区级行政区主题词,荣誉头衔包括两院院士等国家级荣誉头衔 4 个主题词;作品主题取汉语主题表一二级 337 个大类主题词,每个大类下属细分的主题词作为大类主题词的近义词或入口词 50 371 个,词表共包含词 1 069 个规范主题词,规范主题词利用下层的主题词建有各自的同义词表,共包含 55 488 个同义词。

本章 LDA 研究选取 6 个主题,分别为行业、学科、职称级别、出生地、荣誉头衔、作品主题,θ 是一个对应上述 6 个主题的 6 维向量(θ_1, θ_2, ⋯, θ_6)。β 参数是一个 $6 \times 1\,069$ 的矩阵,其中 1 069 是 6 个主题的两级分类主题词个数,每个主题词作为其下属子类的入口词的同义规范词,子类入口词都作为上位属大类主题词的近义词表中的词项,归入相应的上位主题词。

通过对结果集文档进行基于主题的分析得到每条记录文档的主题表示,不同类别的记录形成两类不同的文档,包括注释和没有注释的文档。这两类文档的主题分布先验概率不同,没有注释的文档包含的句子少,只有性别、民族、行业和作品主题有关维的向量,其他维的向量缺失,而对不包含参考数据源的文档,明显的作品出版社、出版时间、共同作者的主题缺失。文档中所有明显的主题缺失的情景,缺失的主题词统计以 * 表示。对于少数不能用 LDA 得出有效的作品主题的,要进行人工干预,手工到国家图书馆书目查询系统查询得到作品的主题词及层次关系中第一、二层的主题词和分类。

6.2.4 基于主题词方法的案例

选择CALIS库的一条记录CAL n2004542082形成一篇文档,根据上述主题词方法,初步标注出主题如下:

记录控制号:CAL n2004542082# （标识符）

来源:CALIS （来源机构）

中文个人规范名称:王涛（林学,1936 – 2011）（学科主题词　生卒年）

母语:汉语;国籍:中国

注释:女,1936年6月1日出生于山东青岛。(出生年　出生地)中国林科院研究员、中国林科院首席科学家森林培育工程专家,1994年当选中国工程院院士。(工作机构、职称级别、专业、荣誉头衔)

参考数据源:绿色植物生长调节剂应用技术论文集(作品题名,题名主题词)/王涛,陶章安,尤爱华主编.(共同作者)第1集.－北京:中国林业出版社,1997。(出版社,出版时间)

资源链接http://baike.baidu.com/item/王涛/3131946 （外部链接　外部库标识符）

根据上述文档中句子的模式、句子结构中的谓词、复合句中的符号特点进行分类主题词抽取,在文档括号标出了对应的主题,按照三种方法抽取计算主题词,结果详见表6 – 2。

表6 – 2　　实例CAL n2004542082文档分类主题词抽取结果

分面主题	具体主题	抽取词	对应二级分类主题词	主题词顶层类
规范控制	标识符	CAL n2004542082	—	—
	来源机构库	CALIS	—	—

续表

分面主题	具体主题	抽取词	对应二级分类主题词	主题词顶层类
个人信息	生年	1936	—	—
	卒年	2011	—	—
	性别	女	—	—
	国籍	中国	—	—
	出生地	山东省青岛	—	—
	工作机构	中国林科院	—	—
职业	职称级别	研究员	—	特高级
	职称级别	首席科学家	—	特高级
	行业	森林培育工程	21 林木育种和育苗	2 林业
	荣誉头衔	中国工程院院士	—	—
	学科*	林学	S7 林业	S 农业
	学位	*（缺失）	—	—
	毕业学校	*（缺失）	—	—
作品	作品题名	绿色植物生长调节剂应用技术论文集	—	—
	作品主题*	植物生长调节剂	S43 化学肥料	S 农业
	出版社	中国林业出版社	—	—
	出版时间	1997	—	—
	共同作者	陶章安　尤爱华	—	—
外部库链接	外部库	baidu	—	—
	控制号 ID	3131946	—	—

注：第二列带 * 号的主题是本章基于主题模型分析而添加的属性。第三列 * 号表示值的缺失。

比较该条记录的原始查询页面和第 3、4 章的结构化属性关系的个数，去掉名称项目和变异名称后，可以转化的 RDF 三元组的个数和粒度比较详见表 6-3。

表6-3　第3、4、6章三种方法语义化和原记录文档语义粒度比较

使用方法	三元组个数	粒度	最大粒度包含的小粒度	增加的粒度
原记录文档	8	大	注释包含多个细粒度属性没有提取	记录控制号、来源库、外部记录号、生年、卒年、标目注释、注释、参考数据源
直接转化数据表	9	大	提取作品名序列包含多个作品粒	增加1个作品名序列
基于关联扩展的转化	9	较小	参考数据源粒包含多个更小的粒	无对应HK记录，但有VIAF记录，不能通过HK记录关联扩展属性
基于主题词方法	26	最小	最多个数的最小三元组	增加注释中分类主题词个数和每个参考数据源增加细分的个数
基于主题词和关联扩展	26	最小	最多个数的最小三元组	不能通过HK记录关联扩展属性

从表6-3可以看出，基于主题词方法对单个记录抽取到的三元组个数最多，每个三元组的粒度最细，提供事实证据最多。对没有关联外部记录的记录聚簇，应用基于主题词方法可以显著提高聚簇的效益。如果综合基于主题词方法和基于关联扩展的方法进行聚簇，聚簇的凭证更多，准确度更高，聚簇的查全率也更高。

6.3　实验和结果分析

本章实验选取第4章实验中重名最多的结果集，检索王涛的结果集共有119条记录，该结果集包含119篇文档，其中来自CALIS 23篇、NLC 83篇、HK 10篇、CCS 3篇，进行上下文相关的主题词抽取。对于实验中的119篇文档，利用三种方法进行总共19个主题的抽取，并统计分析，得到下面的结果，详见表6-4。

表 6-4　　　　　　　　　实验文档主题词抽取结果描述统计

主题	取值总数	单文档主题词出现个数	出现同一主题词的文档数	主题值缺失的文档数	备注
标识符	118	1	2	0	原有属性
来源库	4	1	82	0	原有属性
生年	34	1	9（1977）	25	原有属性
卒年	1	1	2	117	原有属性
性别	1	1	6（女）	113	—
民族	3	1	2	114	—
出生地	38	1	3	69	—
工作机构	66	1	2	42	区分能力强
行业	35	2	4	38	—
职称级别	34	1	10（副教授）	48	—
荣誉头衔	5	1	2	112	—
学科	33	2	8（临床医学）	43	—
毕业院校	5	1	1	114	—
最高学位	4	1	18（博士）	78	—
作品题名列表	115	3	3	2	原有属性，发现同一个人同一作品的能力有限
作品主题	66	3	12（经济计划与管理）	0	主题值缺失率为0
出版社	21	1	2	97	—
出版年	15	3	4（1992）	97	—
共同作者	13	3	2	105	—

采用表 6-4 主题词抽取结果对根据前面方法不能有效聚簇的记录进行基于余弦相似性比较，可以利用粒度更小的，由汉语主题词表、学课表、行业表定义上下位关系的规范主题词标注属性值，并且可以利用更多的属性组合和判断逻辑。例如对出生年兼容的记录对，如果作品题名文本相似度不高，可以用作品主题、出版社、共同作者等辅助相同作品的匹配，尽可能减少可能遗漏的匹配；对

于出生年相同,作品题名相似度不太高的记录对,可以根据行业、学科、职称级别、荣誉头衔等进行更准确地匹配验证,从准确度和召回率两方面提高聚簇算法的性能。

6.4 小　　结

本章利用第 5 章构建的中国人职业层次关系的顶层框架,构建以职业为核心的职业相关分面模型,个人实体的主体框架以分面及其下属主题进行构建。

基于实体的分面主题模型和主题框架,借鉴主题模型 LDA 方法,构建基于主题模型的中文个人名称规范记录主题计算算法,采用汉语主题词表、行业表和学科表的最顶层的两级主题词作为规范词,各下属的主题词作为同义词或入口词,构造主题方法的词表,采用 LDA 方法进行主题词抽取计算。实验采用前面检索结果集中最大结果集的记录组成主题抽取的文档语料,采用本章方法抽取主题词。统计结果表明,本章基于主题词计算方法增加了语义三元组的个数,细化了三元组的粒度,提供更多的证据,进行更有效记录聚簇。

如果综合本章基于主题词的方法和第 4 章基于作品关系扩展的方法进行聚簇,聚簇的凭证更多,准确度更高,聚簇的查全率也更高。

第 7 章

机构实体知识库构建研究

7.1 基于名称的机构识别方法

7.1.1 名称文本近似度识别

传统的文本近似度值来判别实体的近似度不适合于命名实体,由于命名实体名称文本总体比较小,不同部分的一字之差常代表语义的天壤之别,例如"北京大学"和"南京大学",虽然一字之差,相似度值也没有再提升空间,再次提高就是完全相同的近似度值 1,但肯定不是等同的实体实例。识别命名实体比较可行的文本近似度方法主要应用在中文名称规范数据的查询系统中,采用包含检索文字整体的名称标目的方法,把符合条件的标目不去重处理地全部列出。

7.1.2 曾用名表简称表识别

很多的机构名称不仅有完整形式的全称文本,还有简称和多种形式的别称或曾用名(不同时段的名称),有中文名称、首选的英文名称、规范控制的汉语拼音名称、各种大小写和分割符标识的汉语拼音名称等,这些都为首选规范控制名称的同义词,放入别名列表。在中文图书馆的名称规范档和虚拟国际规范档中所有实体的名称都有多种的规范标目和更多的替代标目（或可选标目）。在整个规范名称数据库检索系统中，用任一形式的名称，即规范名称及其同义词集合的任一形式的文本，都可以查找到该实体实例，同时还可以看到该实体的其他名称和属性关系，尤其是该实体创作关系的作品。例如用"中国科学院成都地理研究所"和"中国科学院成都山地灾害与环境研究所"在CCCNA中都可以查找到相同的规范记录（DLC#）n 83138641a。

7.1.3 分段识别

中文机构名称的识别比较复杂，首先识别机构的层次结构整体机构和二三级分级机构的初步分段。每个分段内的机构名称再分为定语部分和中心语。

定语部分的构成比较灵活，内容包括可选的级别、地域名、省市地名、服务对象、专用名称、学科领域、办学层次等，每个机构名称定语可选的一类或两类的修饰限制成分，如"北京航空航天大学"，定语包括省市地名北京和行业领域航空航天两类限制成分；而"复旦大学"只包含了一个专用名词的限定成分。但是有一些机构名称由于历史传承机构合并发展等原因，有些限定次并不准确定义的学科领域，如"上海交通大学"的行业领域并不局限于"交通"领域，甚至演变成历史上"交通大学"的专用名词。所以根据机构的修饰分段识别机构，尤其是一级的整体机构，首先进行机构名称与著名机构规范名称知识库的名称、别名都不能准确匹配的时候下一步的辅助方法。

中心语一般由表示机构性质或类型的特征词构成，如大学、学院、研究院所、公司、集团、医院等，数量有限，可全部收入分类的特征词字典。学术论文数据库中的机构分类主要包括高等院校、医疗机构、科研院所、公共机构、公司企业五大类。

7.1.4 总体分支语义关联识别

机构的语义关联识别，首先根据机构名称中总体分支关系和省市地名为二三级分支机构增加所属的总体机构的属性，该二三级机构的名称一般是总体机构名称（或总体机构简称）加上分隔符"."，再加上分支机构名称。二三级机构的名称属性关系随时间变化比较频繁，而总体机构的名称相对来说比较稳定。

7.2 参考知识库的机构

7.2.1 中文名称规范数据库的机构查询分析

中文名称规范数据库中查询总体机构"中国科学院",查询结果出现团体名称 29 个,全部来自香港的 JULAC-HKCAN 规范名称库。整个名称包括三种受控类型:连接标目 17 个,变异标目 8 个,参见参照标目 4 个,后两种条目或者系统直接重定向到连接标目,或者给出到前两个标目的链接。连接标目基本上反映了查询结果的整体情况,用点号分隔符分隔的二级子机构 16 个,没有分隔符的二级机构 1 个,用分隔符点号分隔的三级子机构 2 个,没有包括一级子机构。

其他机构查询中,其他两个来源机构 NLC 和 CALIS 的机构用分隔符空格分隔的二级机构或三级机构,没有出现整体机构。基本上由于科研作品集体作者的署名都是二级或三级机构,而不可能一个整体机构作为科研作品的集体作者。查询结果混杂了语义上不等同于同一个机构的机构名称,只是根据机构名称的文本包含匹配,如北京大学的机构查询中出现北京大学附中的一系列的二级机构。

浙江大学没有查询到文本匹配的机构。上海交通大学数学教研室是一个二级机构,因为是工程数学线性代数的集体作者而收录在机构名称中。

7.2.2 虚拟国际规范档的机构

用汉字"中国科学院"在虚拟国际规范档(VIAF)查询,得到提示中国科学院开头或有关的机构名称提示,检索结果在第一条准确对应查询的需求,但是在该条 VIAF 聚簇中,聚簇的标目首要是规范格式汉语拼音(zhongguo kexue yuan),来自国外著名图书馆,如美国国会图书馆,法国的 SUDOC,中文汉字的机构名来自日本两家著名图书馆。第一个聚簇中没有聚集到维基数据的条目,等同对应的维基书目条目出现在结果的第二个聚簇中,使用的是该条目的阿拉伯语言匹配，没有使用该条目的中文繁体字和简体字标签，没有实现对维基数据的正确聚簇。但是维基百科的数据库给出的等同的 VIAF 条目却是正确的 VIAF 等同条目。虽然 VIAF 每个月对其来源图书馆的新的来源数据更新聚簇，但是维基数据是网络知识库，不是主要的图书馆会员，没有按周期更新数据，甚至没有运营简单的外部知识库等同标识符的自动检查核对。

7.2.3 百度百科的机构分析

百度百科对机构的查询的准确率高，基本上可以直接命中机构实体，出现多义词实体选择的概率很低，多义词个数只有两三个。每个机构的条目信息非常丰富，有机器阅读的结构化的信息框 Infobox，Infobox 包括机构的中文名、英文名、简称、成立时间、主管部门、机构地址、现任院长（3 个实体）和下辖分院个数（并附有信息时间）。其他的是概述、历史、组织体系、科学研究、人才培养等特色内容，包括的文本和百度百科所收录实体或概念的超链接。

上述从影响力较大的科研机构名称查询百度百科出现的信息比较准确，属性关系比较丰富，缺陷是没有配套的向外部跨行业的开放知识库的等同实体关联，没有如同维基百科同样的结构化的规范化的知识库项目。如同英文维基百科的结构化数据库 DBpedia，是国际关联开放数据云的一个重要组成部分，与多个关联数据知识库建立多种关系，尤其是基于 Sameas 的等同实体实例关联。多语言的知识库 Wikidata，收集到著名知识库的等同实际的规范控制标识符 ID。

而且最重要的是百度百科的搜索结果中在排名最靠前的部分是广告推广的机构信息，例如用户在百度搜索上搜索"肩膀疼"某些疾病巡诊信息时，出现在结果的首页多条都是广告推广的一些民营医院，虽然在这些结构后面加注了广告推广字样，但是这些机构是否源于百度百科知识库，其在百度百科知识库中的内容是否如广告所言，是否能经得起检验，都可能引起用户的质疑，从而导致对整个百度百科知识库的信任危机。

7.2.4 维基数据的机构

维基数据的知识库机构条目数量最大，一方面接收来自维基媒体维基百科的机构的结构化数据,另一方面接受广大用户自己编辑增加条目。虽然用户编辑的条目质量遭到一些质疑,用户有一定的主观随意。但是所编辑条目一旦上线,又会接受用户的检查更正,维基百科对所有条目还建立讨论栏目供其他感兴趣的用户查看关于该条目的所有讨论看法,同时还要经过后台审核组的审核。同时很多条目包含到各种语言维基百科的引用链接,通过引用数据源来加强知识库结点信息的可靠性和可信性。

维基数据知识库机构的知识表示最符合互联网开放数据的五星级标准,同时满足关联数据的四条原则,可以提供用户使用 SPARQL 语言查询整个知识库,并可以下载查询结果的 RDF,方便用户应用知识库进行学术研究。

维基数据的机构知识库属于维基数据知识库网络中的一个相互关联的子知识库网络。知识库中定义了机构的概念类多个方面的含义,并根据多个方面的含义提供了机构的子类,其直接和间接子类个数非常庞大,是个多层面的分类体系。而机构实体的实例通过类型属性 instance of 归结到机构类或其直接或间接子类。用户可以根据这些属性关系采用 SPARQL 查询所有的机构类实例,或者机构类子类大学的实体实例,本章 7.1.3 就利用这种结构自动挖掘了维基数据中所有国籍为中国的类型为大学及其子类的实体实例 632 个,查全率依赖于维基数据条目中属性类型和国家属性的不缺失,一旦这两个属性关系缺失,就不能抽取到该实例。其准确直接依赖于维基数据中条目的质量,少数错误的条目一般属于用户编辑的、其他用户较少关注的条目,而且这类条目的有信息属性个数少,缺少到维基百科类的引用,更没有等同的其他规范知识库的标识符。

由机器自动化抽取的实例的质量比较容易自动化评价和排除错误,例如上述用 SPARQL 自动抽取的大学实例数据,可以根据实例标签文本、属性个数、等同的知识库实例标识符个数,把这两种个数比较低的实例收取出来,由人工辅助来判断,可以很容易排除错误实例。例如 wd:Q445661 横线中学,类型属性被标注为大学 university,首先其中文标签"横线中学",文本上明显标识了属性分类的错误。该条目共标注了 3 个属性,3 个维基百科页面,没有其他知识库的等同实例标识符 ID。继而用户人工检验,点击其英文维基百科页面,就可以发现该机构是一个中学,而不属于大学,是一个用户编辑错误属性的机构实例条目。

7.3 机构实体的分析与构建

7.3.1 机构的概念

机构，又称为组织、团体，是本书研究知识图谱结点实体的第二大类实体，在中文名称规范数据库对应团体名称，虚拟国际规范档（VIAF）对应机构名称（Corparete），在维基数据中，机构（Organization）的定义为拥有共同目标的社会实体、社会单位的结构和管理，以满足需求或追求集体目标。机构重要的属性除了名称标签外包括成立时间、总部位置、办公网站、创始人、组成部分、从属机构以及重要的外部知识库的控制号标识。机构同时又作为个人的属性值出现在个人属性中：雇主（employer p108）、成员（member of p463）、受教育机构（educated at p69）归属机构（affilization p1416）等。

7.3.2 机构的分类及类层次关系

机构在图书馆领域的中文名称规范档和虚拟国际规范档中的命名实体类体属于和个人、题名同层次的一级分类，下面也没有子类划分。但是在机构名称的实例标目中有不同从属关系的机构，例如虚拟国际规范中档清华大学和清华大学经济与管理学院是两个不同的机构实例，也没有说明这两个实例的整体部分或子机构的关系说明，只有标目文本，由用户人工理解分析。作为实体实例语义不精确，丢失很多上下文的关系语义，机器无法理解文本中包含的实体语义关系。国内外，有很多的机构知识库都采用了这种方式。

而在维基数据知识库中，机构属于知识库整体多维网络层次中的一个概念结点 Organization（Q43229），该结点具有自己的定义、标签、属性、关系。通过父类属性关系（Subcalss of P279）得出其父类，有机构不同面的父类，1) 代理（agent），有能力完成某项活动的实体，2) 人类群组（group of human），3) 系统（system），组合相互作用或相互依赖的组件；根据子类关系（父类的逆关系）得出其直接子类，并可以通过子类的推导，求出该类包含的所有后代类（子类的子类）树或后代网络。

维基数据知识库中机构的子类层次网络非常复杂，直接子类多达328个，本书只采用机构的子类层次关系和分支部分关系来判断两个机构实体之间是并列不相交关系的两个不同实体，还是有分支部分关系的同一的整体实体。研究相关的科研领域机构，首先研究整体机构，国内机构类型对应的有高等教育机构（大学、学院、专业职业教育）、国家级科学院、科研院所、出版社、医院以及高新技术企业和科研管理部门等。再进一步研究国家级科学院、大学等的分支机构，各分支机构可以作为独立的机构实体，但是通过整体属性链接到包含它为分支的整体机构实体。机构实体的名称，有一个别名、简称、曾用名，把不同名称的同一实体聚集到一起。

7.3.3 机构实例库的初步构建

本书初步从两个渠道收集整体机构实体，一个从维基数据中采用SPARQL查询接口，根据两个条件属性值"是…实例"属性值为大学，属性"国家"值为中华人民共和国收集中国大学的条目，其查询SPARQL代码如下：

```
PREFIX wd: <http://www.wikidata.org/entity/>
PREFIX wdt: <http://www.wikidata.org/prop/direct/>
PREFIX wikibase: <http://wikiba.se/ontology#>
PREFIX rdfs: <http://www.w3.org/2000/01/rdf-schema#>
PREFIX bd: <http://www.bigdata.com/rdf#>
#wikidata query service. https://query.wikidata.org/2018/5/29
#查询中国大学
SELECT  distinct ? item ? itemLabel
WHERE
{
  ? item wdt:P31 ? item1.
  ? item1 wdt:P279 * wd:Q3918.
  ? item wdt:P17  wd:Q148.
  SERVICE wikibase:label{bd:serviceParam wikibase:language"zh,en".}
}
```

这种渠道运行 SPARQL 得到 632 条结果，人工初步去掉明显错误后，得到 630 条整体机构实体条目，类型全部是大学的条目，包括各类影响力级别大学，数量多，覆盖大学比较全，但没有重要性排序分级。

另一个是收集科研影响力较大的科研机构。采用中国科学院各届新增院士的单位收集科研的机构实体，这些机构的科研成果影响力大，是科研领域主要的机构实体。人工整理出某些机构的整体机构名（主要处理中国科学院的各分支机构），这种渠道收集的整体科研机构类型比较全面，有大学、科研单位、医院、高新技术大型企业和科学院等，但是每类机构数量少，有些机构没有覆盖到。这个渠道收集到的整体机构见附表3，在下一步将用来构建包含详细分支机构实体，和整体机构的详细属性和关系语义。

7.3.4 机构库实体结点构建

机构实体构建首先在实体中定义实体类型：个人、作品、机构、地名（直接引用外部知识库）四个实体类型。本章顶层实体类机构类建立四个与科研相关的五个子类：大学、科研院所、医疗机构、出版社、高新技术企业。但是这四个类实例的分支机构广义上属于顶层的机构类，但是在子类分类上可能和所属的总体机构属于不同的子类，例如在下面的机构实例中国科学院，它有一个分支机构中国科学院大学，该分支机构还属于大学子类。

机构实例结点的构建，包括该类的属性以及关系。关系是一种特殊的属性，属性值是另一个实体。由于中文知识库的本体和元数据建设还处于起步阶段，没有对机构类定义统一的属性术语，本章机构实体的属性参考谷歌互联网搜索元数据叙词表（schema.org）和维基数据（wikidata，wdt）的机构描述，包括机构名称（schema：name）、机构别名（schema：alternatename）、实体类型（rdf：type）、父类（rdfs：subclass of）、国家（wdt：country）、成立日期（wdt：inception）、总部位置（wdt：headquater location）、官方网站（wdt：official website）、领导（wdt：leader）、主管部门（baidu：主管部门，国内机构特有的属性）、等同的外部实体实例 id（owl：Sameas）。本章研究机构等同的外部机构实例包括虚拟国际规范档（VIAF）、维基数据（Wikidata）和百度百科的等同实体，这些等同实体实例的等同连接建立了本书研究的实体实例与外部知识库的关联，丰富了实体实例结点的属性信息，更重要的是提高本书的实体知识图谱内容的可信性。

第7章 机构实体知识库构建研究

下面给出机构实例结点中国科学院的 RDF 三元组描述。

PREFIX   SDEntity：< localhost/entity/ >
PREFIX   SDClass：< localhost/Class/ >
PREFIX   wd：< http://www.wikidata.org/entity/ >
PREFIX   wdt：< http://www.wikidata.org/prop/direct/ >
PREFIX   wikibase：< http://wikiba.se/ontology# >
PREFIX   rdfs：< http://www.w3.org/2000/01/rdf-schema# >
PREFIX   rdf：< http://www.w3.org/1999/02/22-rdf-syntax-ns >
PREFIX   foaf：< http://xmlns.com/foaf/0.1 >
PREFIX   owl：< http://www.w3.org/2002/07/owl >
PREFIX   skos：< http://www.w3.org/2004/02/skos/core#" >
PREFIX   schema：< http://schema.org/ >
PREFIX   dcterms：< http://purl.org/dc/terms/ >
PREFIX   bditem：< https://baike.baidu.com/item/ > .
PREFIX   baidu：< https://baike.baidu.com/item/ >

< SDEtity：00001 >   < dcterms：identifier >   < SDEntity00001 >
< SDEtity：00001 >   < schema：name >   "中国科学院".
< SDEtity：00001 >   < schema：name >   "Chinese Academy of Sciences".
< SDEtity：00001 >   < schema：alternateName >   "中科院".
< SDEtity：00001 >   < schema：alternateName >   "中國科學院".
< SDEtity：00001 >   < schema：alternateName >   "Zhong guo ke xue yuan".
< SDEtity：00001 >   < schema：alternateName >   "CAS".
< SDEtity：00001 >   < rdf：type >   < SDClass：大学 > .
< SDClass：大学 >   < rdfs：subclassof >   < SDClass：机构 >
< SDEtity：00001 >   < wdt：country >   "中华人民共和国".
< SDEtity：00001 >   < wdt：headquarter location >   < SDEntity：pl001 >
< SDEntity：pl001 >   < GeoName：id >   < GeoName：1816670 >
< SDEntity：pl001 >   < rdfs：label >   "北京市"
< SDEtity：00001 >   < wdt：inception >   "1949 年 11 月"
< SDEtity：00001 >   < wdt：official website >   < http://www.cas.ac.cn > .
< SDEtity：00001 >   < baidu：主管部门 >   < bditem：中华人民共和国国务院 >

< SDEtity:O0001 >　　< baidu:现任领导 >　　< SDEntity:PXXXXX >
< SDEntity:PXXXXX >　　< schema:name >　　"白春礼"
< SDEtity:O0001 >　　< owl:Sameas >　　< viaf:145387566 >
< SDEtity:O0001 >　　< owl:Sameas >　　< wd:Q530471 >
< SDEtity:O0001 >　　< owl:Sameas >　　< bditem:中国科学院 >
< SDEtity:O0001 >　　< wdt:subsidiary >　　< SDEntity:O000101 >.
< SDEntity:O000101 >　　< rdfs:lacel >　　"中国科学院数学物理学部"
< SDEntity:O000101 >　　< owl:Sameas >　　< wd:Q46139145 >.
< SDEntity:O000101 >　　< wdt:parent organization >　　< SDEtity:O0001 >.
…其他分支机构定义与上述四个三元组类似，不再列出。

7.3.5　机构库实例结点与外部知识库的实例等同关系构建

语义关联可以用曾用名关系集合来识别不同名称的同一实体，另外还可以根据与外部知识库有相同的机构标识来识别同一实体，并为该实体增加新的别名或曾用名，以及相关的历史变革信息。为知识库中的机构结点增加等同的外部知识库的规范标识符ID，可以提高知识库与外部知识库的关联度，为读者提供更丰富机构结点信息，更重要的是提高知识库信息的可信性。但是由于外部知识库尤其虚拟国际规范档成员中还没有中国大陆图书馆的数据，中文名称的汉字标目数据来源于其他国家图书馆（日本）的规范标目和书目记录或其他国家图书馆的可选名称，属于二手信息，条目查全率有限，而且虚拟国际规范档中对汉字名称的匹配聚簇的准确率受到限制，多个名称无法准确匹配到第一个聚簇，有些等同的名称标目没有准确合并，有的错误聚簇到下一个信息缺失不太重要的聚簇。总之，在名称（个人、机构）的等同实体关联时，本书建议首先尝试与维基数据的中文简体汉字标签比较，进行等同实体匹配识别，再根据维基数据的外部关联查找虚拟国际规范档中的等同实体，并经过验证后，加入到本书的知识图谱结点的等同关系中。原因是本书研究实体的等同关系时，发现维基数据与虚拟国际规范档两个知识库的等同关系是由不同的知识库识别定义的，实际上并不像理论上认为双向完全等同。维基数据的等同标识符的准确度高于虚拟国际规范档对维基数据的聚簇划分。

7.4 命名实体知识图谱概念层次定义和实例构建

综合前面第 3~6 章研究的个人命名实体和本章的机构实体,命名实体知识图谱的分为两层模式层和实例层两个层次。上层模式层定义本书知识图谱的实体名称和属性等词语,如同 2.5 节所说,它们是资源描述框架模式类和属性的实例。下层是模式层具体类的实例及其属性和关系,如图 7-1 所示。为了图形的清晰,本图不再描述基本数据类型。

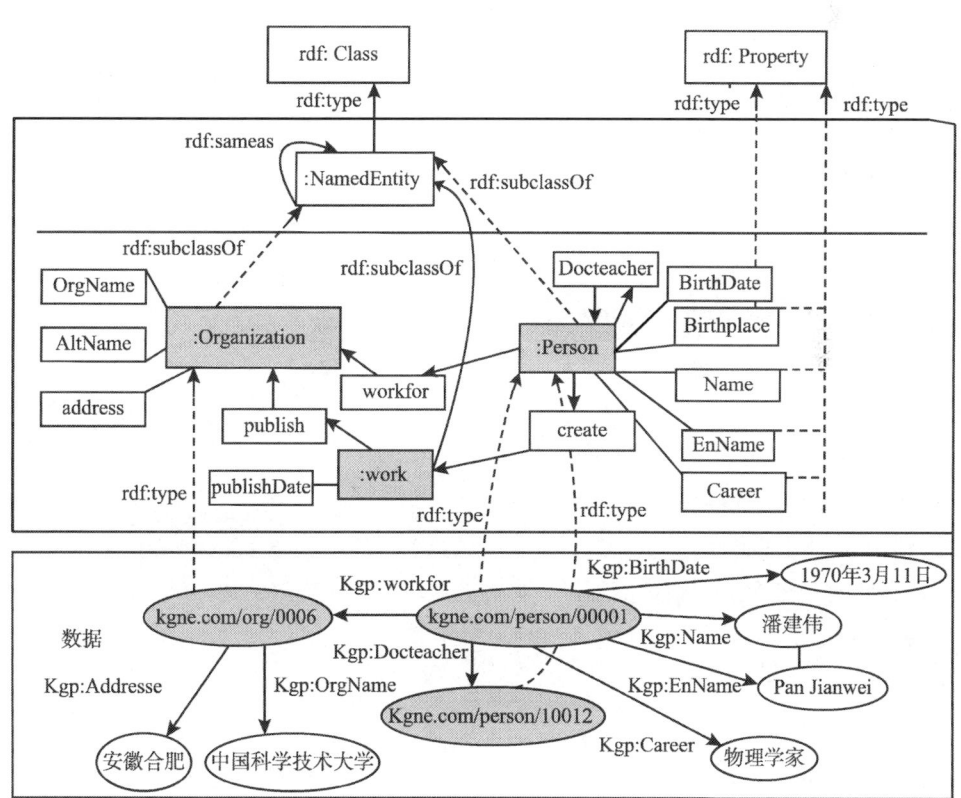

图 7-1 命名实体类层次定义与实例构建

本书构建命名实体的知识图谱的根域名为 kgne.com,是本书默认的命名空间,下面包含 person、org 和 org 子目录,分别存放个人实体、机构实体和作品实体的实例。下面给出整体的模式层的实例层的三元组定义，直接以冒号开头的名称，表示 URI 的命名空间为默认命名空间 kgne.com。

PREFIX rdfs：< http://www.w3.org/2000/01/rdf – schema# >

PREFIX rdf：< http://www.w3.org/1999/02/22 – rdf – syntax – ns >

#模式层

:NamedEntity   rdf:type   rdf:class.

:Person   rdf:type   rdf:class;

rdf:subclassof   :NamedEntity.

Organization   rdf:type   rdf:class;

rdf:subclssof   :NamedEntity.

:work   rdf:type   rdf:class;

rdf:subclassof   :NamedEntity.

rdf:sameas   rdf:type   rdf:property.

rdf:domain   :NamedEntity;

rdf:range   :NamedEntity.

Name   rdf:type   rdf:property.

rdf:domain   :Person;

rdf:range   :xsd:String.

Docteacher   rdf:type   rdf:property.

rdf:domain   :Person;

rdf:range   :Person.

workfor   rdf:type   rdf:property.

rdf:domain   :Person;

rdf:range   :Organization.

create   rdf:type   rdf:property.

rdf:domain   :Person;

rdf:range   :work.

Ename   rdf:type   rdf:property.

rdf:domain   :person;

rdf:range   :xsd:String.

Career   rdf:type   rdf:property.
rdf:domain   :person;
rdf:range   :xsd:String
Birthplace rdf:type   rdf:property.
rdf:domain   :person;
rdf:range   :xsd:String.
Birthdate   rdf:type   rdf:property.
rdf:domain   :person;
rdf:range   :xsd:date.

publish   rdf:type   rdf:property.
rdf:domain   :work;
rdf:range   :Organization.
publishDate   rdf:type   rdf:property.
rdf:domain   :work;
rdf:range   xsd:date

orgName   rdf:type   rdf:property.
rdf:domain   :Organization;
rdf:range   xsd:String.
altName   rdf:type   rdf:property.
rdf:domain   :Organization;
rdf:range   xsd:String.
Address   rdf:type   rdf:property.
rdf:domain   :Organization;
rdf:range   xsd:String.

##实例层
kgne.com/person/00001   rdf:type   Person;
Kgp:Name   "潘建伟";
Kgp:Ename   "Pan Jianwei";

Kgp:workfor   kgne.com/org/00006;

Kgp:BirthDate   1970-3-11;

Kgp:Docteacher   kgne.com/person/10012;

Kgp:Career   "物理学家";

rdf:sameas   https://www.wikidata.org/wiki/Q9309270.

##命名实体知识库实例与外部维基数据的实例等同定义

kgne.com/person/10012 rdf:type:person.

……

kgne.com/org/00006 rdf:type:Organization;

Kgp:OrgName   "中国科学技术大学";

Kgp:Address   "安徽合肥".

……

7.5 小　　结

本章在前面几章研究个人名称实体的基础上，研究机构实体。首先研究了基于名称的机构实体的识别，研究机构名称的文本相似度识别，基于名称的首选名称、别名、曾用名的同义词表的识别，以及名称分段的名称识别等。

接着研究了本书重点参考的知识库中的机构实体的特征，参考的数据库包括中文名称规范档、虚拟国际规范档、百度百科、维基数据四个知识库，各知识库中关于中文机构实体的识别、覆盖率、实体实例结点的属性关系等，以及四个知识库的可以参考的优点及缺点，尤其是在中文机构实体方面存在的问题。

最后给出本书所研究的中文机构实体构建的思路，包括机构实体的概念分析、机构实体的类定义和类层次，并给出一个机构实体实例的RDF三元组的实例描述，强调分析机构实例与参考知识库的实例等同关系的构建。

第 8 章

研究结论、局限与展望

8.1 研究结论

本书研究的主要目的是为了解决互联网大数据时代国内不同领域部门之间信息无法沟通的"信息孤岛"问题,使各领域花费巨大人力物力建立的规范控制数据网络知识库通过关联方法,打通各知识库信息孤岛的连接,更好地从多个角度为用户提供可信的、更加智慧的知识服务。国外国家地区大型图书馆的规范档之间的关联已经在 VIAF 项目实现,并在网络提供开放服务。国内图书馆领域对规范数据的关联理论和实践都落后于国外,中文名称规范联合协调委员会(CCCNA)对国内 4 家著名的规范档的关联是中文规范档加入 VIAF 的预演。CCCNA 没有对各机构的规范记录进行基于实体语义的聚簇,是将来与 VIAF 关联的一大障碍。当前 CCCNA 提供网络平台 CNASS 系统对名称检索的结果集中包含大量的、没有聚簇的散乱记录,记录数量太大,没有根据语义相关排序、分组和聚集,给用户检索选择造成极大的困难。

为了解决上述中文名称规范记录的聚簇问题,本书在研究国际规范档聚簇关联标杆项目 VIAF 的检索结果集的特征和聚簇匹配算法的基础上,在第 3 章提出在相同名称的检索结果集内,基于生卒年和作品属性组合的中文个人名称规范记录的聚簇算法。参考国内学者研究,将中文名称规范记录从 CNMARC 格式转换为数据表的实体属性记录,特别提出对作品题名列表的抽取方法,聚簇算法强调生卒年对于个人识别匹配的首要重要性,对于生卒年缺失的记录,特别提出相同作品题名匹配，即相同名称加上相同的作品题名，大概率判断两个记录表示同一个人而将记录聚簇。实证采用从 CNASS 检索 300 个中文汉字名称的检索结果集，运行聚簇算法，实证统计结果证明了经过本章预处理和聚簇算法，两个阶段都极大减少了零散记录的个数，证明了聚簇算法的有效性。

第 3 章提出的基于个人属性生卒年和关系作品组合的匹配的聚簇算法，由于 CALIS 大量记录生卒年缺失，而作品题名因来源机构不同的作品收录方法，不同规范档对同一个人收录的作品有共同作品的比率不够理想，再加上不同的参考数据源表示格式不同和作品题名的不同语言，使发现匹配的作品的可能性降低。第 4 章将作品属性表示精确为实体属性关系的 RDF 表示，更精确地表示一个人对应多个作品的一对多关系，降低了从两个作品序列中查找相同作品的编程复杂度，而且利用 HKCAN 记录的外部 LC 记录号，重定向到聚集了很多规范档的 VIAF 聚簇网页，利用 VIAF 数量大得多的各种语言的作品列表扩展记录的作品关系，增加同一个人的不同记录间关系作品匹配的可能性。

第 3、4 章的聚簇算法都是基于生卒年和作品进行字符匹配比较，由于多种格式、多种语言的表示方式总会不同程度影响记录的聚簇，而对于标目附加中的大量混合的社会属性，因为缺少公认本体和分类标准体系不能有效利用。本书第 5 章利用 Wikidata 的个人职业属性值和职业类的上下位层次关系和职业类实例关系，构建了中国人关联的职业子集的上下位层次关系，分析子集职业本体的特征，是不同于传统的树形分类层次结构，而是复杂的网络层次关系，有些上位类职业因为不同阶段的专业分工，还和个人实例关联；而有些实例职业却又拥有子类。最后利用中国人职业子集本体推导职业的顶层框架结构，为第 6 章构建与职业有关的主题提供分面相关主题的选择。

第 6 章利用第 5 章的有关职业社会属性的分面相关主题框架，根据对大量个人名称规范记录内容特点分析，构建个人的分面分层主题框架。利用汉语主题词表、行业表、学科表的层次分类关系，基于构建的个人分面主题框架中的主题，采用主题模型 LDA 方法，从汉语主题词表、行业表、学科表的两级顶层分类作为规范主题词，下属分类主题词为其同义词入口词；以性别、出生地地区级行政划分主题词构建词表、职称级别、荣誉头衔等构建词表，进行社会属性的主题抽取计算。实证采用前面语料库的最大结果集的记录形成文本 119 篇文档，进行主题计算，从文档抽取的主题的统计结果分析，证明基于主题模型的方法可以为记录聚簇提供更细粒度的、更丰富的语义匹配信息，实现更精确的匹配聚簇。

第 8 章 研究结论、局限与展望

总体上本书 3、4 章基于实体属性以及关系扩展的记录聚簇算法，第 5、6 章基于本体分类信息和基于主题模型的记录主题词抽取方法，都逐步提高了中文个人名称规范记录的聚簇性能，使自动聚簇算法逐步精确逼近真实语义的聚簇匹配。

本书的第 7 章在前面个人名称基于实体语义的聚簇实体结点语义化、多种关系关联化的基础上，借鉴前面的个人实体的语义化关联化方法，研究第二大类型机构实体，研究参考知识库的已有的机构实体类型和实例的属性关系和关联关系，使本书的命名实体的知识图谱更加符合语义网的定义。基本数据采取 RDF 的三元组表示，主体基本上属于用 URI 命名的本书研究知识库的实体结点，谓词尽量采用规范叙词表中的定义，值大部分是某一个 URI 命名的本书或参考知识库的实体结点，还有是命名名称的规范化的文本类型、别名文本、数字类型、时间类型以及可以与 GeoName 连接的地名实体或者属于省市（县）二级行政区域的正式名称，尤其是文本类型主要用在较短的命名名称，基本属于结构化数据类型和 URI 资源名称。

8.2 研究局限与展望

本书研究由于数据获取、专业领域知识的限制存在下面的不足，希望在下一步的研究中进行完善。

（1）本书第 3、4 章研究的基础语料数据 300 个检索名称，只是选取作者工作的学科领域的知名教授和教材作者，以及中国近现代名人录中随机选择的 300 个中文名称。由于中文规范名称检索系统甚至 VIAF，只提供根据标目的文本匹配检索，不提供根据出生时间、出生地、职业等分类的用户定制的 SPARQL 检索，所以不能根据分层随机抽样的原理，选择更加科学、系统、全面的检索名称样本。希望随着中文名称规范档、VIAF 与其他网络知识库的关联发展，中文规范档的语义化表示的改进带动的中文名称规范检索系统的升级，以及普通成员机构与中文名称规范协作机构的进一步协调、协作，使基础语料数据的科学抽样选择问题得以解决。

（2）由于中文分类词表和专业本体的研究还处在初期阶段，中文行业表、学科表在中文名称规范档没有科学一致的应用，本书只初步选取有中文标签的 Wikidata 知识库研究大多数条目包含的职业属性，研究职业的层次类关系的本体知识，还存在许多类的实例之间关系没有研究，例如 Wikidata 的个人师承层次关系、个人活动领域属性值的类层次关系、个人工作机构的实体属性和实体内部的从属包含关系等，而机构名称作为名称规范档的一部分，中文机构名称规范档的详细研究是本书后续研究的内容，继续对工作机构进行基于实体属性关系和本体层次关系的研究。

（3）本书对作品题名的多语言匹配只是根据 VIAF 聚簇扩展了关系作品个数，增加了出现同一语言相同作品的可能性，一定程度上减少可能遗漏的个人记录匹配。进一步还需要利用机器翻译、知识库中的不同语言链接以及多语言信息组织和检索研究的成果，更准确地实现多语言作品题名的匹配，实现精确度和召回率一同更高的中文个人名称规范记录的聚簇。

（4）本书对科研实体中的作品类实体只关注了作品的题名及其多语言表示，各类实体实例的规范标识符、实例结点属性和各种关系都存在于中国图书馆和出版机构的系统中。由于中文名称范规范档的中国两大图书馆没有正式加入虚拟国际规范档，虚拟国际规范档联合知识库不能将中文名称规范档与中文书目记录关联建立处理记录，再和其他来源机构名称规范记录匹配聚簇，使中文作品的实体语义化过程受到限制，使国际著名知识库关于中文名称的各类实体没有来自中国本地的名称规范记录，而必须从国外图书馆名称规范的中文标目中获取，或者通过 Wikidata 等多语言知识库的简体汉字对应处理。这些都影响本书的中文知识图谱作品类实体的数量和结点的信息密度等质量。所以作者呼吁图书馆机构采用开放关联数据技术，发布开放关联数据，对外尽快加入虚拟国际规范档等国际协作组织，对内在基础设施层面技术上提供与百度百科、互动百科关联的开放关联数据内容。同时利用网络知识库庞大的互联网用户群，提高图书馆规范数据的网络用户流量和用户关注，并在知识库内容上还可以利用网络知识库进一步联通图书馆书目和期刊论文、专利等其他科研成果，建立统一共享关联的实体知识图谱网络。

今后将在本书研究的基础上，进一步和团队中的成员一起努力，逐步解决上述局限问题，继续深入研究中文科研领域命名实体的知识图谱的构建和提升改进。

附录 A

个人名称检索语料

附表 A1　个人名称规范数据库检索个人名称 2（两个汉字人名）

名称编号	名称简体	检索结果文件名
2001	周扬	Amarc2_001.xml
2002	巴金	Amarc2_002.xml
2003	白薇	Amarc2_003.xml
2004	白辛	Amarc2_004.xml
2005	柏杨	Amarc2_005.xml
2006	冰心	Amarc2_006.xml
2007	蔡锷	Amarc2_007.xml
2008	陈垣	Amarc2_008.xml
2009	邓拓	Amarc2_009.xml
2010	丁玲	Amarc2_010.xml
2011	范明	Amarc2_011.xml
2012	冯铿	Amarc2_012.xml
2013	冯如	Amarc2_013.xml
2014	傅雷	Amarc2_014.xml
2015	甘棠	Amarc2_015.xml
2016	何录	Amarc2_016.xml
2017	弘一	Amarc2_017.xml
2018	胡适	Amarc2_018.xml
2019	黄强	Amarc2_019.xml

续表

名称编号	名称简体	检索结果文件名
2020	黄兴	Amarc2_020.xml
2021	黄翼	Amarc2_021.xml
2022	江青	Amarc2_022.xml
2023	蒋英	Amarc2_023.xml
2024	金山	Amarc2_024.xml
2025	金焰	Amarc2_025.xml
2026	金庸	Amarc2_026.xml
2027	巨赞	Amarc2_027.xml
2028	康生	Amarc2_028.xml
2029	孔厥	Amarc2_029.xml
2030	老舍	Amarc2_030.xml
2031	李济	Amarc2_031.xml
2032	李莉	Amarc2_032.xml
2033	李璞	Amarc2_033.xml
2034	李琦	Amarc2_034.xml
2035	李俨	Amarc2_035.xml
2036	梁希	Amarc2_036.xml
2037	林彪	Amarc2_037.xml
2038	林镕	Amarc2_038.xml
2039	刘复	Amarc2_039.xml
2040	刘节	Amarc2_040.xml
2041	刘岘	Amarc2_041.xml
2042	龙潜	Amarc2_042.xml
2043	卢隐	Amarc2_043.xml
2044	鲁迅	Amarc2_044.xml
2045	吕班	Amarc2_045.xml
2046	罗庸	Amarc2_046.xml
2047	马坚	Amarc2_047.xml
2048	麦新	Amarc2_048.xml

附录 A 个人名称检索语料

续表

名称编号	名称简体	检索结果文件名
2049	茅盾	Amarc2_049.xml
2050	莫言	Amarc2_050.xml
2051	聂耳	Amarc2_051.xml
2052	钱穆	Amarc2_052.xml
2053	钱宁	Amarc2_053.xml
2054	秋瑾	Amarc2_054.xml
2055	饶毅	Amarc2_055.xml
2056	任光	Amarc2_056.xml
2057	任颐	Amarc2_057.xml
2058	柔石	Amarc2_058.xml
2059	三毛	Amarc2_059.xml
2060	孙泱	Amarc2_060.xml
2061	孙用	Amarc2_061.xml
2062	太虚	Amarc2_062.xml
2063	陶铸	Amarc2_063.xml
2064	田方	Amarc2_064.xml
2065	田汉	Amarc2_065.xml
2066	田间	Amarc2_066.xml
2067	王俊	Amarc2_067.xml
2068	王力	Amarc2_068.xml
2069	王莘	Amarc2_069.xml
2070	王珊	Amarc2_070.xml
2071	王绶	Amarc2_071.xml
2072	王涛	Amarc2_072.xml
2073	王序	Amarc2_073.xml
2074	王莹	Amarc2_074.xml
2075	王震	Amarc2_075.xml
2076	王中	Amarc2_076.xml
2077	魏源	Amarc2_077.xml

续表

名称编号	名称简体	检索结果文件名
2078	文祥	Amarc2_078.xml
2079	吴晗	Amarc2_079.xml
2080	吴强	Amarc2_080.xml
2081	吴宪	Amarc2_081.xml
2082	武训	Amarc2_082.xml
2083	向达	Amarc2_083.xml
2084	萧红	Amarc2_084.xml
2085	萧军	Amarc2_085.xml
2086	谢宇	Amarc2_086.xml
2087	熊斌	Amarc2_087.xml
2088	徐冰	Amarc2_088.xml
2089	严复	Amarc2_089.xml
2090	杨晦	Amarc2_090.xml
2091	杨清	Amarc2_091.xml
2092	杨朔	Amarc2_092.xml
2093	叶挺	Amarc2_093.xml
2094	叶鹰	Amarc2_094.xml
2095	伊兵	Amarc2_095.xml
2096	伊琳	Amarc2_096.xml
2097	尹达	Amarc2_097.xml
2098	张更	Amarc2_098.xml
2099	张澜	Amarc2_099.xml
2100	赵丹	Amarc2_100.xml

附表A2　个人名称规范数据库检索个人名称3（三个字及以上人名）

名称编号	名称	检索结果文件名
3001	孙中山	amarc3_001.xml
3002	屠呦呦	amarc3_002.xml
3003	张维迎	amarc3_003.xml

续表

名称编号	名称	检索结果文件名
3004	萨师煊	amarc3_004.xml
3005	钱学森	amarc3_005.xml
3006	钱三强	amarc3_006.xml
3007	杨振宁	amarc3_007.xml
3008	李政道	amarc3_008.xml
3009	王众托	amarc3_009.xml
3010	汪应洛	amarc3_010.xml
3011	孟小峰	amarc3_011.xml
3012	胡昌平	amarc3_012.xml
3013	邱均平	amarc3_013.xml
3014	马费成	amarc3_014.xml
3015	张晓军	amarc3_015.xml
3016	武夷山	amarc3_016.xml
3017	朱扬勇	amarc3_017.xml
3018	梁战平	amarc3_018.xml
3019	卢泰宏	amarc3_019.xml
3020	张新民	amarc3_020.xml
3021	韩伯棠	amarc3_021.xml
3022	严蔚敏	amarc3_022.xml
3023	黄梯云	amarc3_023.xml
3024	周三多	amarc3_024.xml
3025	丁西林	amarc3_025.xml
3026	丁汝昌	amarc3_026.xml
3027	丁果仙	amarc3_027.xml
3028	于右任	amarc3_028.xml
3029	卫立煌	amarc3_029.xml
3030	马一浮	amarc3_030.xml
3031	马长寿	amarc3_031.xml
3032	马本斋	amarc3_032.xml

续表

名称编号	名称	检索结果文件名
3033	马连良	amarc3_033.xml
3034	马思聪	amarc3_034.xml
3035	马寅初	amarc3_035.xml
3036	马溶之	amarc3_036.xml
3037	马寒冰	amarc3_037.xml
3038	马锡五	amarc3_038.xml
3039	马德成	amarc3_039.xml
3040	王人美	amarc3_040.xml
3041	王大化	amarc3_041.xml
3042	王之相	amarc3_042.xml
3043	王文鼎	amarc3_043.xml
3044	王亚平	amarc3_044.xml
3045	王仲侨	amarc3_045.xml
3046	王任叔	amarc3_046.xml
3047	王竹泉	amarc3_047.xml
3048	王竹溪	amarc3_048.xml
3049	王近山	amarc3_049.xml
3050	王伯岳	amarc3_050.xml
3051	王伯祥	amarc3_051.xml
3052	王芸生	amarc3_052.xml
3053	王志莘	amarc3_053.xml
3054	王若飞	amarc3_054.xml
3055	王崇元	amarc3_055.xml
3056	王学文	amarc3_056.xml
3057	王国秀	amarc3_057.xml
3058	王国维	amarc3_058.xml
3059	王叔咸	amarc3_059.xml
3060	王宠惠	amarc3_060.xml
3061	王重民	amarc3_061.xml

续表

名称编号	名称	检索结果文件名
3062	王钟声	amarc3_062.xml
3063	王春泉	amarc3_063.xml
3064	王思华	amarc3_064.xml
3065	王炳南	amarc3_065.xml
3066	王独清	amarc3_066.xml
3067	王统照	amarc3_067.xml
3068	王造时	amarc3_068.xml
3069	王尽美	amarc3_069.xml
3070	王家楫	amarc3_070.xml
3071	王培信	amarc3_071.xml
3072	王新午	amarc3_072.xml
3073	王献唐	amarc3_073.xml
3074	王嘉荫	amarc3_074.xml
3075	王震之	amarc3_075.xml
3076	王遵明	amarc3_076.xml
3077	王稼祥	amarc3_077.xml
3078	王耀武	amarc3_078.xml
3079	丰子恺	amarc3_079.xml
3080	毛文书	amarc3_080.xml
3081	毛泽东	amarc3_081.xml
3082	毛鹤年	amarc3_082.xml
3083	乌兰夫	amarc3_083.xml
3084	方光焘	amarc3_084.xml
3085	方壮猷	amarc3_085.xml
3086	方孝岳	amarc3_086.xml
3087	方志敏	amarc3_087.xml
3088	方宗熙	amarc3_088.xml
3089	邓子恢	amarc3_089.xml
3090	邓中夏	amarc3_090.xml

续表

名称编号	名称	检索结果文件名
3091	邓初民	amarc3_091.xml
3092	邓均吾	amarc3_092.xml
3093	邓演达	amarc3_093.xml
3094	邓稼先	amarc3_094.xml
3095	正果法师	amarc3_095.xml
3096	艾思奇	amarc3_096.xml
3097	左宗棠	amarc3_097.xml
3098	石华玉	amarc3_098.xml
3099	石评梅	amarc3_099.xml
3100	石筱山	amarc3_100.xml
3101	卢作孚	amarc3_101.xml
3102	叶圣陶	amarc3_102.xml
3103	叶企孙	amarc3_103.xml
3104	叶灵凤	amarc3_104.xml
3105	叶剑英	amarc3_105.xml
3106	叶桐轩	amarc3_106.xml
3107	叶盛章	amarc3_107.xml
3108	叶渚沛	amarc3_108.xml
3109	叶熙春	amarc3_109.xml
3110	田际云	amarc3_110.xml
3111	田耕莘	amarc3_111.xml
3112	史量才	amarc3_112.xml
3113	史若虚	amarc3_113.xml
3114	白大方	amarc3_114.xml
3115	白云生	amarc3_115.xml
3116	白凤岩	amarc3_116.xml
3117	包天笑	amarc3_117.xml
3118	包惠僧	amarc3_118.xml
3119	乐天宇	amarc3_119.xml

续表

名称编号	名称	检索结果文件名
3120	冯友兰	amarc3_120.xml
3121	冯汉骥	amarc3_121.xml
3122	冯兰洲	amarc3_122.xml
3123	冯仲云	amarc3_123.xml
3124	冯自由	amarc3_124.xml
3125	冯沅君	amarc3_125.xml
3126	冯承钧	amarc3_126.xml
3127	冯泽芳	amarc3_127.xml
3128	冯秉铨	amarc3_128.xml
3129	冯家昇	amarc3_129.xml
3130	冯宾符	amarc3_130.xml
3131	冯景兰	amarc3_131.xml
3132	冯雪峰	amarc3_132.xml
3133	司马文森	amarc3_133.xml
3134	司徒乔	amarc3_134.xml
3135	司徒慧敏	amarc3_135.xml
3136	吉鸿昌	amarc3_136.xml
3137	成仿吾	amarc3_137.xml
3138	毕革飞	amarc3_138.xml
3139	吕思勉	amarc3_139.xml
3140	朱小南	amarc3_140.xml
3141	朱少屏	amarc3_141.xml
3142	朱壬葆	amarc3_142.xml
3143	朱元鼎	amarc3_143.xml
3144	朱东润	amarc3_144.xml
3145	朱执信	amarc3_145.xml
3146	朱自清	amarc3_146.xml
3147	朱光潜	amarc3_147.xml
3148	朱希祖	amarc3_148.xml

续表

名称编号	名称	检索结果文件名
3149	朱国福	amarc3_149.xml
3150	朱起凤	amarc3_150.xml
3151	朱海观	amarc3_151.xml
3152	朱维基	amarc3_152.xml
3153	朱谦之	amarc3_153.xml
3154	朱惠芳	amarc3_154.xml
3155	朱端钧	amarc3_155.xml
3156	乔冠华	amarc3_156.xml
3157	伍献文	amarc3_157.xml
3158	任鸿隽	amarc3_158.xml
3159	任弼时	amarc3_159.xml
3160	华应申	amarc3_160.xml
3161	华罗庚	amarc3_161.xml
3162	华彦钧	amarc3_162.xml
3163	华粹深	amarc3_163.xml
3164	庄长恭	amarc3_164.xml
3165	庄前鼎	amarc3_165.xml
3166	齐白石	amarc3_166.xml
3167	齐观山	amarc3_167.xml
3168	齐思和	amarc3_168.xml
3169	齐燕铭	amarc3_169.xml
3170	刘大杰	amarc3_170.xml
3171	刘天华	amarc3_171.xml
3172	刘仁静	amarc3_172.xml
3173	刘永纯	amarc3_173.xml
3174	刘永济	amarc3_174.xml
3175	刘仙洲	amarc3_175.xml
3176	刘半农	amarc3_176.xml
3177	刘世楷	amarc3_177.xml

续表

名称编号	名称	检索结果文件名
3178	刘尧民	amarc3_178.xml
3179	刘亚楼	amarc3_179.xml
3180	刘赤选	amarc3_180.xml
3181	刘知侠	amarc3_181.xml
3182	刘绍周	amarc3_182.xml
3183	刘绍禹	amarc3_183.xml
3184	刘恩兰	amarc3_184.xml
3185	刘惠民	amarc3_185.xml
3186	刘博平	amarc3_186.xml
3187	关肇直	amarc3_187.xml
3188	江文也	amarc3_188.xml
3189	江隆基	amarc3_189.xml
3190	汤飞凡	amarc3_190.xml
3191	汤用彤	amarc3_191.xml
3192	许广平	amarc3_192.xml
3193	许世杰	amarc3_193.xml
3194	许世友	amarc3_194.xml
3195	许寿裳	amarc3_195.xml
3196	许地山	amarc3_196.xml
3197	许涤新	amarc3_197.xml
3198	许崇清	amarc3_198.xml
3199	阮玲玉	amarc3_199.xml
3200	阳友鹤	amarc3_200.xml

附录 B

示例：Amarc3_005.XML 文件内容

```xml
<? xml version = "1.0" encoding = "UTF-8" ? >
< collection xmlns = "http://www.loc.gov/UNIMARC/slim" >
< record >
< leader >00296cx    2200133   45    </leader >
< datafield tag = "001" > AC000356529 </datafield >              ***1
< datafield tag = "100" ind1 = " " ind2 = " " >
< subfield code = "a" >20010530achiy50         ||0 </subfield >
</datafield >
< datafield tag = "152" ind1 = " " ind2 = " " >
< subfield code = "a" >BDM </subfield >
</datafield >
< datafield tag = "200" ind1 = " " ind2 = "0" >
< subfield code = "a" >钱学森, </subfield >
< subfield code = "f" >1911 - </subfield >
</datafield >
< datafield tag = "200" ind1 = " " ind2 = "0" >
< subfield code = "7" >ba </subfield >
< subfield code = "a" >Qian Xue sen, </subfield >
< subfield code = "f" >1911 - </subfield >
</datafield >
< datafield tag = "400" ind1 = " " ind2 = "0" >
```

< subfield code = "a" > 錢學森 </ subfield >
</ datafield >
< datafield tag = "400" ind1 = " " ind2 = "0" >
< subfield code = "a" > Qian, </ subfield >
< subfield code = "f" > 1911 - , </ subfield >
< subfield code = "b" > Xuesen, </ subfield >
</ datafield >
< datafield tag = "801" ind1 = " " ind2 = "0" >
< subfield code = "a" > HK </ subfield >
< subfield code = "b" > NBI </ subfield >
</ datafield >
< datafield tag = "810" ind1 = " " ind2 = " " >
< subfield code = "a" > 錢學森等著. 論地理科學. 杭州市：浙江教育出版社, 民 83. </ subfield >
</ datafield >
</ record >
</ collection >

< ? xml version = "1.0" encoding = "UTF - 8" ? >
< collection xmlns = "http：//www.loc.gov/UNIMARC/slim" >
< record >
< leader >01031cx   a2200265   45   </ leader >
< datafield tag = "001" > CAL   n2004276970# </ datafield >   ***2
< datafield tag = "005" >20131016101321.7 </ datafield >
< datafield tag = "099" ind1 = " " ind2 = " " >
< subfield code = "a" > CAL   n2004276970# </ subfield >
< subfield code = "a" > CAL   n2011494549# </ subfield >
</ datafield >
< datafield tag = "100" ind1 = " " ind2 = " " >
< subfield code = "a" >20040824amul|50 ||0 </ subfield >
</ datafield >

```
< datafield tag = "152" ind1 = " " ind2 = " " >
< subfield code = " a" > BDM < /subfield >
< /datafield >
< datafield tag = "200" ind1 = " " ind2 = "0" >
< subfield code = " a" > 钱学森, < /subfield >
< subfield code = "f" > 1911 - 2009 < /subfield >
< /datafield >
< datafield tag = "200" ind1 = " " ind2 = "0" >
< subfield code = "7" > ba < /subfield >
< subfield code = " a" > Tsien, Hsue Shen, < /subfield >
< subfield code = "f" > 1911 - 2009 < /subfield >
< /datafield >
< datafield tag = "400" ind1 = " " ind2 = "0" >
< subfield code = " a" > 錢學森, < /subfield >
< subfield code = "f" > 1911 - 2009 < /subfield >
< /datafield >
< datafield tag = "400" ind1 = " " ind2 = "0" >
< subfield code = " a" > Qian Xuesen, < /subfield >
< subfield code = "f" > 1911 - 2009 < /subfield >
< /datafield >
< datafield tag = "400" ind1 = " " ind2 = "0" >
< subfield code = " a" > qian xue sen, < /subfield >
< subfield code = "f" > 1911 - 2009 < /subfield >
< /datafield >
< datafield tag = "400" ind1 = " " ind2 = "0" >
< subfield code = " a" > Tsien, Hsue - sen, < /subfield >
< subfield code = "f" > 1911 - 2009 < /subfield >
< /datafield >
< datafield tag = "400" ind1 = " " ind2 = "0" >
< subfield code = " a" > Tsien, H. S < /subfield >
< subfield code = " g" > ( Hsue Shen ), < /subfield >
```

< subfield code = "f" > 1911 – 2009 < /subfield >
< /datafield >
< datafield tag = "801" ind1 = " " ind2 = "0" >
< subfield code = "a" > CN < /subfield >
< subfield code = "b" > CALIS < /subfield >
< subfield code = "c" > 20040824 < /subfield >
< /datafield >
< datafield tag = "810" ind1 = " " ind2 = " " >
< subfield code = "a" > 社会主义现代化建设的科学和系统工程/钱学森讲;吴义生编. －－北京:中共中央党校出版社,1987 < /subfield >
< subfield code = "3" > jt/CAL 012000105193 < /subfield >
< /datafield >
< datafield tag = "830" ind1 = " " ind2 = " " >
< subfield code = "a" > 物理学家。浙江杭州人。著有《工程控制论》《论系统工程》《星际航行概论》等。< /subfield >
< /datafield >
< datafield tag = "856" ind1 = " " ind2 = " " >
< subfield code = "u" > http://baike.baidu.com/view/4213.html? tp = 0_11 < /subfield >
< /datafield >
< datafield tag = "998" ind1 = " " ind2 = " " >
< subfield code = "a" > CALIS < /subfield >
< subfield code = "b" > 20040824 < /subfield >
< subfield code = "7" > jt < /subfield >
< /datafield >
< /record >
< /collection >

< ? xml version = "1.0" encoding = "UTF – 8" ? >
< collection xmlns = "http://www.loc.gov/UNIMARC/slim" >
< record >

```
<leader>01031cx  a2200265   45</leader>
<datafield tag="001">CAL  n2004276970#</datafield>                    **3
<datafield tag="005">20131016101321.7</datafield>
<datafield tag="099" ind1=" " ind2=" ">
<subfield code="a">CAL  n2004276970#</subfield>
<subfield code="a">CAL  n2011494549#</subfield>
</datafield>
<datafield tag="100" ind1=" " ind2=" ">
<subfield code="a">20040824amul|50        ||0</subfield>
</datafield>
<datafield tag="152" ind1=" " ind2=" ">
<subfield code="a">BDM</subfield>
</datafield>
<datafield tag="200" ind1=" " ind2="0">
<subfield code="a">钱学森,</subfield>
<subfield code="f">1911-2009</subfield>
</datafield>
<datafield tag="200" ind1=" " ind2="0">
<subfield code="7">ba</subfield>
<subfield code="a">Tsien,Hsue Shen,</subfield>
<subfield code="f">1911-2009</subfield>
</datafield>
<datafield tag="400" ind1=" " ind2="0">
<subfield code="a">錢學森,</subfield>
<subfield code="f">1911-2009</subfield>
</datafield>
<datafield tag="400" ind1=" " ind2="0">
<subfield code="a">Qian Xuesen,</subfield>
<subfield code="f">1911-2009</subfield>
</datafield>
<datafield tag="400" ind1=" " ind2="0">
```

```xml
<subfield code="a">qian xue sen,</subfield>
<subfield code="f">1911-2009</subfield>
</datafield>
<datafield tag="400" ind1=" " ind2="0">
<subfield code="a">Tsien,Hsue-sen,</subfield>
<subfield code="f">1911-2009</subfield>
</datafield>
<datafield tag="400" ind1=" " ind2="0">
<subfield code="a">Tsien,H.S</subfield>
<subfield code="g">(Hsue Shen),</subfield>
<subfield code="f">1911-2009</subfield>
</datafield>
<datafield tag="801" ind1=" " ind2="0">
<subfield code="a">CN</subfield>
<subfield code="b">CALIS</subfield>
<subfield code="c">20040824</subfield>
</datafield>
<datafield tag="810" ind1=" " ind2=" ">
<subfield code="a">社会主义现代化建设的科学和系统工程/钱学森讲；吴义生编. --北京：中共中央党校出版社，1987</subfield>
<subfield code="3">jt/CAL 012000105193</subfield>
</datafield>
<datafield tag="830" ind1=" " ind2=" ">
<subfield code="a">物理学家。浙江杭州人。著有《工程控制论》《论系统工程》《星际航行概论》等。</subfield>
</datafield>
<datafield tag="856" ind1=" " ind2=" ">
<subfield code="u">http://baike.baidu.com/view/4213.html?tp=0_11</subfield>
</datafield>
<datafield tag="998" ind1=" " ind2=" ">
```

< subfield code = "a" > CALIS < /subfield >
　　< subfield code = "b" > 20040824 < /subfield >
　　< subfield code = "7" > jt < /subfield >
　　< /datafield >
　　< /record >
　　< /collection >

　　< ? xml version = "1.0" encoding = "UTF - 8" ? >
　　< collection xmlns = "http://www.loc.gov/UNIMARC/slim" >
　　< record >
　　< leader >00533cx　　2200145　　45　　< /leader >
　　< datafield tag = "001" > A9640396 < /datafield >　　****4
　　< datafield tag = "005" >20100310165317.0 < /datafield >
　　< datafield tag = "100" ind1 = " " ind2 = " " >
　　< subfield code = "a" >20020727achiy50　　　　ea < /subfield >
　　< /datafield >
　　< datafield tag = "152" ind1 = " " ind2 = " " >
　　< subfield code = "a" > BDM < /subfield >
　　< /datafield >
　　< datafield tag = "200" ind1 = " " ind2 = "0" >
　　< subfield code = "a" >钱学森 < /subfield >
　　< subfield code = "f" >（1911～2009）< /subfield >
　　< /datafield >
　　< datafield tag = "200" ind1 = " " ind2 = "0" >
　　< subfield code = "7" > ba < /subfield >
　　< subfield code = "a" > qian xue sen < /subfield >
　　< /datafield >
　　< datafield tag = "300" ind1 = "0" ind2 = " " >
　　< subfield code = "a" >空气动力学家，火箭专家，中国科学院院士，中国工程院院士。浙江杭州人。曾任美国麻省理工学院教授、加州理工学院教授、中国科学技术协会名誉主席、全国政协副主席。著有《星际航行概论》《论系统工

程》等。</subfield>
</datafield>
< datafield tag = "801" ind1 = " " ind2 = "0" >
< subfield code = " a" > CN </subfield >
< subfield code = " b" > 北图中编 </subfield >
< subfield code = " c" > 19971201 </subfield >
</datafield >
< datafield tag = "810" ind1 = " " ind2 = " " >
< subfield code = " a" > 中国大百科全书航空航天 </subfield >
</datafield >
< datafield tag = "810" ind1 = " " ind2 = " " >
< subfield code = " a" > 论信息空间的大成智慧 </subfield >
</datafield >
</record >
</collection >

<? xml version = "1.0" encoding = "UTF - 8"? >
< collection xmlns = "http://www.loc.gov/UNIMARC/slim" >
< record >
< leader >01348cx   2200313   45   </leader >
< datafield tag = "001" >000054418 </datafield >   *** 5
< datafield tag = "005" >20140708170000.0 </datafield >
< datafield tag = "009" ind1 = " " ind2 = " " >
< subfield code = " a" > (DLC#)n   81028871 </subfield >
</datafield >
< datafield tag = "035" ind1 = " " ind2 = " " >
< subfield code = " a" >000054418 </subfield >
</datafield >
< datafield tag = "100" ind1 = " " ind2 = " " >
< subfield code = " a" >19810811achib50   ‖0 </subfield >
</datafield >

```
< datafield tag = "152" ind1 = " " ind2 = " " >
    < subfield code = " a" > BDM < /subfield >
</datafield >
< datafield tag = "200" ind1 = " " ind2 = "0" >
    < subfield code = " a" > 钱学森, < /subfield >
    < subfield code = " f" > 1911 - 2009 < /subfield >
</datafield >
< datafield tag = "200" ind1 = " " ind2 = "0" >
    < subfield code = "7" > ba < /subfield >
    < subfield code = " a" > Qian,Xuesen, < /subfield >
    < subfield code = " f" > 1911 - 2009 < /subfield >
</datafield >
< datafield tag = "400" ind1 = " " ind2 = "0" >
    < subfield code = " a" > Qian Xue sen, < /subfield >
    < subfield code = " f" > 1911 - 2009 < /subfield >
</datafield >
< datafield tag = "400" ind1 = " " ind2 = "0" >
    < subfield code = " a" > Tsien,Hsue - shen, < /subfield >
    < subfield code = " f" > 1911 - 2009 < /subfield >
</datafield >
< datafield tag = "400" ind1 = " " ind2 = "0" >
    < subfield code = " a" > Tsien,Hsue - sen, < /subfield >
    < subfield code = " f" > 1911 - 2009 < /subfield >
</datafield >
< datafield tag = "400" ind1 = " " ind2 = "0" >
    < subfield code = " a" > T̂Sian[ U + 00B4 ],Ŝiu{231} e - sen[ U + 00B4 ], < /subfield >
    < subfield code = " f" > 1911 - 2009 < /subfield >
</datafield >
< datafield tag = "400" ind1 = " " ind2 = "0" >
    < subfield code = " a" > Ch'ien,Hsüeh - sen, < /subfield >
```

附录 B 示例：Amarc3_005.XML 文件内容

```
< subfield code = "f" > 1911 - 2009 </subfield >
</datafield >
< datafield tag = "400" ind1 = " " ind2 = "0" >
< subfield code = "a" > Tsien, H. S </subfield >
< subfield code = "g" > (Hsue Shen), </subfield >
< subfield code = "f" > 1911 - 2009 </subfield >
</datafield >
< datafield tag = "801" ind1 = " " ind2 = "0" >
< subfield code = "a" > HK </subfield >
< subfield code = "b" > DLC </subfield >
</datafield >
< datafield tag = "801" ind1 = " " ind2 = "1" >
< subfield code = "a" > CN </subfield >
< subfield code = "b" > DLC </subfield >
</datafield >
< datafield tag = "801" ind1 = " " ind2 = "2" >
< subfield code = "a" > CN </subfield >
< subfield code = "b" > HkUST </subfield >
</datafield >
< datafield tag = "801" ind1 = " " ind2 = "2" >
< subfield code = "a" > CN </subfield >
< subfield code = "b" > DLC </subfield >
</datafield >
< datafield tag = "801" ind1 = " " ind2 = "2" >
< subfield code = "a" > CN </subfield >
< subfield code = "b" > OCoLC </subfield >
</datafield >
< datafield tag = "801" ind1 = " " ind2 = "2" >
< subfield code = "a" > CN </subfield >
< subfield code = "b" > DLC </subfield >
</datafield >
```

```
< datafield tag = "801" ind1 = " " ind2 = "2" >
< subfield code = " a" > CN < /subfield >
< subfield code = " b" > HKP < /subfield >
< /datafield >
< datafield tag = "801" ind1 = " " ind2 = "2" >
< subfield code = " a" > CN < /subfield >
< subfield code = " b" > HkCAN < /subfield >
< /datafield >
< datafield tag = "801" ind1 = " " ind2 = "2" >
< subfield code = " a" > CN < /subfield >
< subfield code = " b" > HkU < /subfield >
< /datafield >
< datafield tag = "810" ind1 = " " ind2 = " " >
< subfield code = " a" > His Problems in motion, of compressible fluid, 1938 < /subfield >
< /datafield >
< datafield tag = "810" ind1 = " " ind2 = " " >
< subfield code = " a" > Technical intelligence supplement, 1946: < /subfield >
< subfield code = " b" > t. p. ( H. S. Tsien; Guggenheim Lab. , Calif. Inst. of Tech. ) < /subfield >
< /datafield >
< datafield tag = "810" ind1 = " " ind2 = " " >
< subfield code = " a" > Collected works of H. S. Tsien, 1991: < /subfield >
< subfield code = " b" > t. p. ( Qian Xuesen[ in Chi. ] ) < /subfield >
< /datafield >
< datafield tag = "810" ind1 = " " ind2 = " " >
< subfield code = " a" > Qian Xuesen(钱学森) ,2001: < /subfield >
< subfield code = " b" > t. p. ( 钱学森 = Qian Xuesen) p. 465 ( b. Dec. 11, 1911 ) < /subfield >
< /datafield >
< datafield tag = "810" ind1 = " " ind2 = " " >
```

<subfield code = "a" > New York times WWW site, Nov. 4, 2009 </subfield >

<subfield code = "b" > (in obituary published Nov. 3: Qian Xuesen; also known as Tsien Hsue – shen; b. 1911, Hangzhou; d. Saturday[Oct. 31, 2009], Beijing, aged 98; brilliant rocket scientist who single-handedly led China's space and military rocketry efforts after he was drummed out of the United States during the redbaiting of the McCarthy era) </subfield >

</datafield >

<datafield tag = "810" ind1 = " " ind2 = " " >

<subfield code = "a" > LC database, Nov. 4, 2009 </subfield >

<subfield code = "b" > (hdg.: Tsien, Hsue Shen; usage: Qian Xuesen[predominant form], H. S. Tsien) </subfield >

</datafield >

</record >

</collection >

<? xml version = "1.0" encoding = "UTF – 8"? >

<collection xmlns = "http://www.loc.gov/UNIMARC/slim" >

<record >

<leader >00554cx 2200157 45   </leader >

<datafield tag = "001" >000086833 </datafield >   ***6

<datafield tag = "005" >20100310165317.0 </datafield >

<datafield tag = "035" ind1 = " " ind2 = " " >

<subfield code = "a" > A9640396 </subfield >

</datafield >

<datafield tag = "100" ind1 = " " ind2 = " " >

<subfield code = "a" > 20020727achiy50   ea </subfield >

</datafield >

<datafield tag = "152" ind1 = " " ind2 = " " >

<subfield code = "a" > BDM </subfield >

</datafield >

<datafield tag = "200" ind1 = " " ind2 = "0" >

< subfield code = " a " > 钱学森 </ subfield >

< subfield code = " f " > (1911～2009) </ subfield >

</ datafield >

< datafield tag = "200" ind1 = " " ind2 = "0" >

< subfield code = " 7 " > ba </ subfield >

< subfield code = " a " > qian xue sen </ subfield >

</ datafield >

< datafield tag = "300" ind1 = "0" ind2 = " " >

< subfield code = " a " > 空气动力学家、火箭专家，中国科学院院士，中国工程院院士。浙江杭州人。曾任美国麻省理工学院教授、加州理工学院教授、中国科学技术协会名誉主席、全国政协副主席。著有《星际航行概论》《论系统工程》等。</ subfield >

</ datafield >

< datafield tag = "801" ind1 = " " ind2 = "0" >

< subfield code = " a " > CN </ subfield >

< subfield code = " b " > NLC </ subfield >

< subfield code = " c " > 20140815 </ subfield >

</ datafield >

< datafield tag = "810" ind1 = " " ind2 = " " >

< subfield code = " a " > 中国大百科全书航空航天 </ subfield >

</ datafield >

< datafield tag = "810" ind1 = " " ind2 = " " >

< subfield code = " a " > 论信息空间的大成智慧 </ subfield >

</ datafield >

</ record >

</ collection >

附录 C

初步收集科研实体机构—总体机构名称表

附表 C3　　　　　　　　初步收集总体机构名称

机构标识符	机构名称	机构分类
0001	北京大学	大学
0002	清华大学	大学
0003	复旦大学	大学
0004	中国科学技术大学	大学
0005	南开大学	大学
0006	南京大学	大学
0007	香港科技大学	大学
0008	武汉大学	大学
0009	西安交通大学	大学
0010	厦门大学	大学
0011	上海交通大学	大学
0012	南京航空航天大学	大学
0013	华中科技大学	大学
0014	中山大学	大学
0015	中国地质大学（北京）	大学
0016	浙江大学	大学
0017	西北大学	大学

续表

机构标识符	机构名称	机构分类
O018	四川大学	大学
O019	兰州大学	大学
O020	华东理工大学	大学
O021	国防科学技术大学	大学
O022	北京化工大学	大学
O023	北京航空航天大学	大学
O024	中国石油大学（北京）	大学
O025	中国人民解放军空军工程大学	大学
O026	中国农业大学	大学
O027	中国矿业大学（北京）	大学
O028	中国海洋大学	大学
O029	中国工程物理研究院	大学
O030	中国地质大学（武汉）	大学
O031	郑州大学	大学
O032	燕山大学	大学
O033	香港中文大学	大学
O034	香港理工大学	大学
O035	西南交通大学	大学
O036	西北工业大学	大学
O037	西安电子科技大学	大学
O038	武汉理工大学	大学
O039	首都医科大学	大学
O040	首都师范大学	大学
O041	山东大学	大学
O042	南京邮电大学	大学
O043	南京理工大学	大学
O044	南方医科大学	大学
O045	南方科技大学	大学
O046	陆军军医大学	大学

续表

机构标识符	机构名称	机构分类
0047	昆明理工大学	大学
0048	江西农业大学	大学
0049	吉林大学	大学
0050	华南农业大学	大学
0051	华东师范大学	大学
0052	大连理工大学	大学
0053	北京师范大学	大学
0054	北京工业大学	大学
0055	北京交通大学	大学
0056	北京理工大学	大学
0057	哈尔滨工业大学	大学
0058	海军工程大学	大学
0059	湖南商学院	大学
0060	江南大学	大学
0061	太原理工大学	大学
0062	天津工业大学	大学
0063	河海大学	大学
0064	电子科技大学	大学
0065	哈尔滨工程大学	大学
0066	山西大学	大学
0067	中北大学	大学
0068	同济大学	大学
0069	西北农林科技大学	大学
0070	浙江工业大学	大学
0071	重庆大学	大学
0072	北京市农林科学院	科研院
0073	北京应用物理与计算数学研究所	科研院
0074	北京有色金属研究总院	科研院
0075	福建省农业科学院	科研院

续表

机构标识符	机构名称	机构分类
O076	国家纳米科学中心、中国科学院高能物理研究所	科研院
O077	国家卫星海洋应用中心	科研院
O078	湖南省农业科学院	科研院
O079	环境保护部环境规划院	科研院
O080	火箭军研究院	科研院
O081	军事医学科学院	科研院
O082	空军研究院	科研院
O083	全球能源互联网研究院	科研院
O084	陕西省地质调查院	科研院
O085	深圳市地铁集团有限公司	高新企业
O086	天地科技股份有限公司	高新企业
O087	武汉航空港发展集团有限公司	高新企业
O088	新疆额尔齐斯河流域开发工程建设管理局	管理机构
O089	战略支援部队某研究所	科研院
O090	中国地震局地质研究所	科研院
O091	中国地质科学院地质研究所	科研院
O092	中国地质科学院矿产资源研究所	科研院
O093	中国电科电子科学研究院	科研院
O094	中国航空工业集团公司成都飞机设计研究所	科研院
O095	中国航天科工集团科技委	科研院
O096	中国航天科技集团公司第九研究院	科研院
O097	中国航天科技集团公司第五研究院	科研院
O098	中国航天科技集团公司第一研究院	科研院
O099	中国核试验基地	科研院
O100	中国环境科学研究院	科研院
O101	中国空间技术研究院	科研院
O102	中国林业科学研究院	科研院
O103	中国林业科学研究院林产化学工业研究所	科研院
O104	中国农业科学院	科研院

附录C 初步收集科研实体机构—总体机构名称表

续表

机构标识符	机构名称	机构分类
O105	中国农业科学院哈尔滨兽医研究所	科研院
O106	中国人民解放军保密委员会技术安全研究所	科研院
O107	中国人民解放军总参谋部第六十一研究所	科研院
O108	中国商用飞机有限责任公司	高新企业
O109	中国石油化工股份有限公司	高新企业
O110	中国石油化工股份有限公司石油勘探开发研究院	科研院
O111	中国石油化工集团公司	高新企业
O112	中国石油集团钻井工程技术研究院	科研院
O113	中国石油勘探开发研究院	科研院
O114	中国石油天然气股份有限公司勘探开发研究院	科研院
O115	中国铁路总公司	高新企业
O116	中冶建筑研究总院有限公司	科研院
O117	北京大学第三医院	医院
O118	北京协和医院	医院
O119	复旦大学附属中山医院	医院
O120	海军军医大学长海医院	医院
O121	河北医科大学第三医院	医院
O122	华中科技大学同济医学院附属同济医院	医院
O123	清华大学附属北京清华长庚医院	医院
O124	中国疾病预防控制中心、中国科学院微生物研究所	医院
O125	中国医学科学院阜外医院	医院
O126	中国医学科学院肿瘤医院	医院
O127	中国社会科学院	科学院
O128	中国工程院	科学院
O129	中国科学院	科学院

附录 D

本书术语的中英文对应表

附表 D4 中英文术语英文简称、英文全称和中文名称对应表

英文常用	英文全称	对应中文	分类说明	书中章节位置
Wikipedia	—	维基百科	知识库	1.1.1
RDF	Resource Description Frame	资源描述框架	语义网标准	1.1.1；4.1；5.1；6.1；7.3
OWL	Web Ontology Language	网络本体语言	语义网标准	1.1.1
Wikidata	—	维基数据	项目；知识库	1.1.1；2.2；5.2；7.2
Entity	—	实体	—	1.1.2
ACE	Automatic Content Extraction，	自动抽取内容	评测计划	1.1.2
RDFa	Resource Description Framework in attributes	属性的资源描述框架	语义网标准	1.1.2
OCLC	Online Computer Library Center	联机计算机图书馆中心	机构	1.1.3
VIAF	Virtual International Authority File	虚拟国际规范档	OCLC项目；知识库	1.1.3；2.3；3.2；4.3
WordNet	—	词网	英文单词语义知识库	1.1.3
HowNet	—	知网*	中文词语语义知识库	1.1.3
WikiMedia	—	维基媒体基金会	互联网机构	1.1.3

续表

英文常用	英文全称	对应中文	分类说明	书中章节位置
OLDC	Open Linked Data Cloud	关联开放数据云	知识库	1.1.3
YAGO	Yet Another Great Ontology		知识库	1.1.3；1.3.3
LC	Library of Congress	美国国会图书馆	图书馆	1.1.3
GND	German National Library	德国国家图书馆	图书馆	1.1.3
CCCNA	Cooperative Committee for Chinese Name Authority	中文名称规范联合协调委员会	中国图书馆联合机构	1.2.1
CNASS	Chinese Name Authority Joint DataBase Search System	中国名称规范联合数据库检索系统	知识库查询系统	1.2.1；3.3
CALIS	China Academic Library and Information System	中国高等教育文献保障管理中心	机构；规范档数据库	1.2.1
RDA	Resource Description and Access	资源描述与检索	标准	1.3.1
AACR2	Anglo–American Cataloguing Rules 2	英美编目条例（第2版）	规则标准	1.3.1
MODS	Metadata Object Description Schema	元对象描述语言	书目描述模式	1.3.1
MARC	MAchine–Readable Cataloging	机读编目格式	标准	1.3.1；3.3
CNMARC	China Machine–Readable Catalogue	中文机读编目	标准	1.3.1, 3.3
LCSH	Library of Congress Subject Headings	美国国会图书馆主题词表	分类主题词表	1.3.3
AGROVOC	Agriculture and Vocabulary	农业受控词表	分类主题词表	1.3.3
AAT	Art & Architecture Thesaurus	艺术建筑叙词表	叙词表	1.3.3
DC	Dublin Core Element Set	都柏林核心元数据集	元数据集	1.3.3

续表

英文常用	英文全称	对应中文	分类说明	书中章节位置
SKOS	Simple Knowledge Organization System	简单知识组织系统	分类模式分类表	1.3.3
FOAF	Friend of a friend	个人信息之类的信息	RDF 词汇表	1.3.3
Schema.org		项目维护因特网、网页上的结构化信息	项目；类表	1.3.3；3.3.1
Protégé	Protégé	生物学本体	本体知识库	1.3.3
MusicBrainz		音乐本体	本体知识库	1.3.3
GeoNames		网络地理数据库	本体知识库	1.3.3
LDA	Latent Dirichlet Allocation	隐含狄利克雷分布	算法模型	1.4.1；6.1
URI	Uniform Resource Identifier	统一资源标识符	标识符	2.1
UNICODE		统一码	编码方案	2.1
HTML	Hyper Text Markup Language	超文本标记语言	标准	2.1
XML	Extend Markup Language	扩展标记语言	标准	2.1 3.3
RDFS	Resource Description Framework Schema	资源描述框架模式	标准	2.1
SPARQL	SPARQL Protocol and RDF Query Language	RDF 查询语言	标准	2.1 5.3 7.3
SQL	Structured Query Language	结构化查询语言	标准	2.1 3.3
R2RML	RDB to RDF Mapping Language	关系数据库到 RDF 映射语言	标准	2.1 4.3
IFLA	International Federation of Library Associations and Institutions	国际图联	机构	2.1, 4.1
FRBR	Functional Requirements for Bibliographic Records	书目记录的功能需求	概念模型	2.1, 4.1

续表

英文常用	英文全称	对应中文	分类说明	书中章节位置
FRAD	Functional Requirements for Authority Data	规范数据的功能需求	概念模型	2.1, 4.1
FRSAD	Functional Requirements for Subject Authority Data	主题规范数据的功能需求	概念模型	2.1, 4.1
ISNI	International Standard Name Identifier	国际标准名称识别码	国际编号	2.2
ISBN	International Standard Book Number	国际标准书号	国际编号	2.3
FRBR_LRM	Functional Requirements for Bibliographic Records – Library Reference Model	书目记录的功能需求—图书馆参考模型	书目模型	4.1

注:"知网*"表示"HowNet"的中文翻译为"知网",不同于常用期刊数据库的知网。

参 考 文 献

[1] 百度. 中文知识图谱. https：//baike. baidu. com/item/中文知识图谱/4486538.

[2] 曾建勋. 知识链接及其服务研究 [M]. 北京：科学技术文献出版社，2012：16 – 18.

[3] 李涓子，侯磊. 知识图谱研究综述 [J]. 山西大学学报（自然科学版），2017，40（3）：454 – 459.

[4] 赵军. 命名实体识别、排歧和跨语言关联 [J]. 中文信息学报，2009，23（2）：3 – 17.

[5] 贾君枝，李艳. 中文维基百科和百度百科类目组织系统的比较分析 [J]. 情报理论与实践，2013（6）：114 – 118.

[6] 贾君枝，石燕青. 中文名称规范文档与 VIAF 的关联 [J]. 国家图书馆学刊，2014（6）：85 – 90.

[7] 郝嘉树，王广平. 中文人名规范的语义描述与关联探讨 [J]. 图书情报工作，2012（14）：47 – 51.

[8] 刘炜，胡小菁，钱国富等. RDA 与关联数据 [J]. 中国图书馆学报，2012（1）：34 – 44.

[9] 虞为，陈俊鹏. 基于 MapReduce 的书目数据关联匹配研究 [J]. 现代图书情报技术，2013（9）：80 – 93.

[10] 贾君枝，石燕青. 中文名称规范文档与虚拟国际规范文档的共享问题研究 [J]. 中国图书馆学报，2014，214：83 – 92.

[11] 李燕，杜薇薇，郭华. MARC21 元数据与 CNMARC 元数据的比较分析 [EB/OL] [2014 – 08 – 03].

[12] 贾君枝，白林林. 关联数据中 CNMARC 到 MARC21 的映射的实现 [J]. 国家图书馆学刊，2015（4）：80 – 93.

[13] 张鹏图. 大英图书馆书目数据的关联化分析 [J]. 国家图书馆学刊，2015（4）：103 – 113.

[14] 贾君枝,石燕青.中国个人名称规范文档的关联数据化研究[J].情报学报,2016(7):696-703.

[15] 曹宁,仲岩.论中国个人名称标目的区分问题[J].中国图书馆学报,2006(6):89-92.

[16] 贾君枝,石燕青,李婷婷.中国现代人名的附加信息分析.2014年第五届全国知识组织与知识链接学术交流会,北京.2014:248-258.

[17] 赵军.命名实体识别、排歧和跨语言关联[J].中文信息学报,2009,23(2):3-17.

[18] 赵洁,刘彦宏,金培权.基于互联网的商业机构名识别研究[J].情报学报,2011(8):851-860.

[19] 倪子建,荣莉莉,刘泉.基于超网络的维基百科内容知识本体演化研究[J].管理科学学报,2013(12):68-79.

[20] 刘晓亮.基于维基语义图的词语语义相关度计算研究[J].情报学报,2014(11):1124-1132.

[21] 贾君枝,薛秋红.中文人名名称规范档与维基百科的链接[J].图书情报工作,2015(16):129-134.

[22] 贾君枝,薛秋红.Wikidata的特点、数据获取与应用[J].图书情报工作,2016(17):136-141.

[23] 贾君枝,邰杨芳,刘艳玲,等.汉语框架网络本体研究[M].北京:科学出版社,2012:7-16.

[24] 贾君枝,郭丹丹.法律框架网络本体的构建与实现[J].情报学报,2007(10):733-740.

[25] 贾君枝,董刚.汉语框架网络本体与VerbNet、WordNet集成研究[J].现代图书情报技术,2008(6):6-10.

[26] 贾君枝,郭丹丹.法律框架网络数据库到OWL本体的转换[J].情报学报,2009(12):851-856.

[27] 邱均平,余凡.基于计量分析的馆藏资源语义化理论研究[J].中国图书馆学报,2012(4):71-78.

[28] 邱均平,王菲菲.数字文献资源语义化计量本体的构建与实现[J].情报学报,2014(10):1012-1021.

[29] 毕强,韩毅.语义网格环境下基于元数据本体的数字图书馆互操作研

究 [J]. 图书情报工作, 2009, 53: 17-20, 82.

[30] 洪婕, 张健, 胡亮. 基于领域本体知识库的专业搜索引擎查询推荐算法研究——以盐湖化工领域为例 [J]. 情报学报, 2014 (10): 1091-1098.

[31] 贾君枝. 分众分类法与受控词表的结合研究进展 [J]. 中国图书馆学报, 2010 (5): 96-101.

[32] 贾君枝, 孙智超, 邰杨芳. 基于受控词表的医学资源的社会化标签推荐研究 [J]. 情报学报, 2013 (12): 1326-1332.

[33] 贾君枝. 简单知识组织与汉语主题词表 [J]. 中国图书馆学报, 2008 (1): 75-79.

[34] 徐戈, 王厚峰. 自然语言处理中主题模型的发展 [J]. 计算机学报, 2011 (8): 1423-1436.

[35] 李文波, 孙乐, 张大鲲. 基于 Labeled-LDA 模型的文本分类新算法 [J]. 计算机学报, 2008 (4): 620-627.

[36] 王少楠, 宗成庆. 一种基于双通道 LDA 模型的汉语词义表示与归纳方法 [J]. 计算机学报, 2016 (8): 1652-1666.

[37] 陈亮. 面向专利分析的 Patent Classification LDA 模型 [J]. 情报学报, 2016 (8): 864-874.

[38] 北京图书馆自动化发展部编. 中国机读目录通讯格式 [M]. 北京: 书目文献出版社, 1991: 1-10.

[39] 刘莎, 司莉. 主题规范数据功能需求-FRSAD 进展及其影响. 图书馆杂志, 2012 (3): 19-24.

[40] 中文名称规范协作委员会. 中文名称规范联合数据库检索系统 [EB/OL]. http://cnass.cccna.org/jsp/resultlist.jsp. [2015-08-22]

[41] 王瑞云, 贾君枝. 中文个人名称规范记录的实体匹配和聚簇 [J]. 国家图书馆学刊, 2017 (2): 079-086.

[42] 陆伟, 武川. 实体链接研究综述 [J]. 情报学报, 2015 (1): 105-112.

[43] 顾犇. 虚拟国际规范文档-连接德意志图书馆和美国国会图书馆的规范文档 [J]. 国家图书馆学刊, 2006 (4): 87-90.

[44] 廖盖隆, 罗竹风, 范源, 等. 中国人名大辞典-当代人物卷 [M]. 上海辞书出版社, 1992: 1-23.

[45] 司莉，贾欢. 2004—2014年我国多语言信息组织和检索研究进展与启示 [J]. 情报学报，2015（6）：662-672.

[46] 王瑞云，贾君枝. 基于作品关系扩展的中文呢个人名称规范记录识别与聚簇研究 [J]. 图书情报工作，2017（5）：125-131.

[47] Dean Allemang, James Hendler. 实用语义网-RDFS和OWL高效建模 [M]. 北京：人民邮电出版社，2009：31-51.

[48] 宋志红，武天兰，李冬梅. 合著网络、社会资本与科研影响力 [J]. 情报学报，2015（11）：1123-1131.

[49] 刘斌，赵升，孙笑明等. 我国专利数据中发明家姓名消歧算法研究 [J]. 情报学报，2016（4）：405-414.

[50] 周杰，李弼程，唐永旺，等. 基于关键证据和E2LSH的增量式人名聚类消歧方法 [J]. 情报学报，2016（7）：714-722.

[51] 田野，杨眉，祝忠明，张静蓓. 关联数据驱动的查询扩展技术研究 [J]. 图书情报工作，2015，59（4）：122-128.

[52] 王瑞云，贾君枝. 基于准马尔可夫过程的Wikidata职业类的层次关系研究 [J]. 情报学报，2017（3）：241-248.

[53] 白林林，贾君枝. 关联数据中CNMARC到RDF的映射实现 [J]. 国家图书馆学刊，2015（4）：94-102.

[54] 刘宝柱，苏彦华，张洪林，等. MATLAB7.0从入门到精通 [M]. 北京：人民邮电出版社，2010：128-158.

[55] 杨震宁，范黎波. 身陷"盘丝洞"：社会网络关系嵌入过度影响创业过程吗？[J]. 管理世界，2013（2）：101-116.

[56] 王珊，萨师煊. 数据库系统概论 [M]. 北京：高等教育出版社，2012.

[57] 张铁男，曹洪亮，等. 基于产生式规则的情报管理中的知识扩散模型研究 [J]. 情报学报，2010（12）：1105-1115.

[58] 郭武斌，周宽久，苏振魁. 基于词序方法的文本相似度计算模型 [J]. 情报学报，2008（12）：857-864.

[59] 胡昌平，林鑫. 科技文献检索中基于主题词表分面改造的分面构建 [J]. 情报学报，2015（8）：875-884.

[60] 北京图书馆《中国图书馆分类法》编辑委员会. 中国分类主题词表

(第二版)[M].北京:北京图书馆出版社,2005:1-20.

[61] WIKIDATA. Knowledge Graph. https://www.wikidata.org/wiki/Q648625 [2018-03-20].

[62] WIKIPEDIA. Knowledge Graph. https://en.wikipedia.org/wiki/nowledge_Graph. [2018-03-20].

[63] Haslhofer, Bernhard and Isaac, Antoine and Simon, Rainer: Knowledge Graphs in the Libraries and Digital Humanities Domain. Encyclopedia of Big Data Technologies, 2018.3; https://arxiv.org/abs/1803.03198.pdf.

[64] NIST. The ACE 2007. (ACE07) Evaluation Plan: Evaluation of the Detectio n and Recognition of ACE Entities, Values, Temporal Expressions, Relatio ns, and Events [EB/OL]. [2007]. http://www.nist.gov/speech/tests/ace/2007/doc/ace07-evalplan.v1.3a.pdf.

[65] OCLC. VIAF—Virtual international Authority File [EB/OL]. http://www.viaf.org/[2015-07-01].

[66] Wikimedia Foundation. Wikipedia [EB/OL]. https://www.wikipedia.org/[2016-03-02].

[67] R Bennett, C Hengel-Dittrich, ETO'Neill, et al. VIAF (Virtual International Authority File): Linking Die Deutsche Bibliothek and Library of Congress name authority fles. In Proceedings of the World Library and Information Congress 72nd General Conference and Council (Seoul, South Korea, Aug. 20-24). IFLA, Den Haag, The Netherlands, 2006.

[68] Maiko Kimura. Differences in representations of Japanese name authority data among CJK countries and the Library of Congress [J]. Information Processing and Management, 2014, 50: 733-751.

[69] Thomas B Hickey, Jenny A Toves. Managing Ambiguity In VIAF. D-Lib Magazine, July/August 2014, doi: 10.1045/july2014-hickey.

[70] M Klein, A Kyrios. VIAFbot and the Integration of Library Data on Wikipedia. Code4Lib journal, 2013, 22: 7-21.

[71] I Reznik, V Shatalov. Hidden revolution of human priorities: An analysis of biographical data from Wikipedia. Journal of Informetrics, 2016, 10: 124-131.

[72] Fabian M. Suchanek, Gjergji Kasneci, Gerhard Weikum. YAGO: A Core

of Semantic Knowledge Unifying Word Net and Wikipedia. WWW2007, May8 – 12, 2007, Banff, Alberta, Canada.

[73] J Hoffart, F MSuchanek, K Berberich. YAGO2: Exploring and Querying World Knowledge in Time, Space, Context, and Many Languages. Proceedings of the 20th International Conference on World Wide Web, WWW 2011, At Hyderabad, India.

[74] Farzaneh Mahdisoltani, Joanna Biega, Fabian M. Suchanek. YAGO3: A Knowledge Base from Multilingual Wikipedias. 7th Biennial Conference on Innovative Data Systems Research (CIDR2015), January 4 – 7, 2015, Asilomar, California, USA.

[75] O medelyan, D Milne, C Legg, et al. Mining meaning from Wikipedia [J]. International journal Human – computer Studies, 2009, 67 (7): 716 – 754.

[76] D Vrandečić, M Krötzsch. Wikidata: A Free Collaborative Knowledgebase [J]. Comunication of the ACM, 2014, 57 (10): 78 – 85.

[77] A Ismayilov, D Kontokostas, Soren Auer, et al. Wikidata through the Eyes of DBpedia [EB/OL]. https://www.researchgate.net/publication/280104651 [2015 – 07 – 20].

[78] N Guarino, D Oberle, S Staab. What Is an Ontology? S. Staab and R. Studer (eds.), Handbook on Ontologies, International Handbooks on Information Systems, DOI10.1007/978 – 3 – 540 – 92673 – 3, Springer – Verlag Berlin Heidelberg, 2009: 1 – 17.

[79] N F Noy, A Chugh, W Liu etc al. A Framework for Ontology Evolution in Collaborative Environment. the Semantic Web – ISWC 2006, International Semantic Web Conference, ISWC 2006, Springer Berlin Heidelberg, 2006, 4273: 544 – 558.

[80] B Lauser. From thesauri to ontologies. A short case study in the food safety area in how ontologies are more powerful than thesauri [C]. Agricultural Information And Knowledge Management Paper, Food and Agriculture Organisation of the United Nations, Rome (Italy), 2004.

[81] J Lacasta, J Nogueras – Iso, F J Zarazaga – Soria. Terminological ontologies. Design, management and practical applications. chap, A Representation Framework for Terminological Ontologies, Springer, 2010: 25 – 53.

[82] D H Fischer. From thesauri towards ontologies? Structures and relations in knowledge organization [C]. 5th International ISKO Conference, Lille (France), 1998: 18 - 30.

[83] Javier Lacasta, Javier Nogueras - Iso, Gilles Falquet et al. Design and evaluation of a semantic enrichment process for bibliographic databases [J]. Data & Knowledge Engineering, 2013, 88: 4 - 107.

[84] G. salton, M. McGill. Introduction to Modern Information Retrieval. McGraw - Hill, 1983: 23 - 35.

[85] Scott Deerwester, Susan T Dumais, George w Furnas, et al. Indexing by Latent Semantic Analisis. Journal of the American Society of Information Science, 1990, 6: 391 - 407.

[86] Thomas Hofmann. Probolistic Latent Semantic Indexing. Proceding of the Twenty - Second Annual International SIGIR Confrence, 1999.

[87] D M Blei, A Y Ng, M I Jordan. Latent Dirichlet Allocation. Journal of Machine Learning Research, 2003, 3: 993 - 1022.

[88] D M Blei, J D Lafferty. A Correlated Topic Model of Science [J]. The Annals of Applied Statics, 2007, 1: 17 - 35.

[89] J Boydgraber, D Blei. Syntatic Topic Models. Advances in Netural Information Processing Systems, 2010: 185 - 192.

[90] I Bhattacharya, L Getoor. A Latent Dirichlet Model for unsupervised entity resolution. Proceeding of the SIAM Conference on Data Mining, Maryland, USA, 2006: 577 - 584.

[91] Y Song, J Huang, I G Council, et al. Efficient topic - Based unsupervised name disambigustion. Proceedings of the ACM/IEEE Joint Conference on Digital Libraries (JCDL). Vancouver, Canada, 2007: 342 - 351.

[92] Bingjing Zhang, Bo Peng, Judy Qiu. High performance LDA through Collective Model Communication Optimization [J]. Procedia Computer Science, 2016, 80: 86 - 97. ICCS 2016. TheInternational Conference on Computational Science.

[93] S Laohakiat, S phimoltares, C Lursinsap. A Clustering algorithm for Stream data with LDA_based unsupervised localized dimension reduction [J]. Information Science, 2017, 381: 104 - 123.

[94] Peng Zhang, Hansu Gu, M Gartrell et al. Group Based Latent Dirichlet Allocation (Group - LDA): Effective audience detection for books in online social media [J]. Knowledge - Based System, 2016, 105: 134 - 146.

[95] Xiuze Zhou, Shunxiang Wu. Rating LDA Model for Collaborative Filering [J]. Knowledge - Based System, 2016, 110: 135 - 143.

[96] Lifang Wu, Dan Wang, Xiuzhen Zhang et al. MLLDA: Multi - level LDA for Modelling Users on Content Curation Social Networks [EB/OL]. http://dx.doi.org/10.1016/j.neucom.2016.08.114.

[97] Berners_Lee. Weaving the Webs. Orion Books, London, 1989, 1 - 15.

[98] Berners - Lee, J Hendler, and O Lassila. The semantic Web: a new form of Web content that is meaningful to computers will unleash a revolution of new possibilities. Scientific American, May 17, 2001: 96 - 101.

[99] Wikimedia. Semantic Web Stack [EB/OL]. https://en.wikipedia.org/wiki/Semantic_Web_Stack [2016 - 03 - 01].

[100] W3C. R2RML: RDB to RDF Mapping Language. [2012 - 9 - 27] [EB/OL]. http://www.w3.org/TR/2012/REC - r2rml - 20120927/.

[101] Princeton. WordNet [EB/OL]. http://wordnet.princeton.edu/wordnet [2016 - 6 - 15].

[102] J Hoffart, F M Suchanek, K Berberich, et al. YAGO2: A spatially and temporally enhanced knowledge base from Wikipedia. Artifcial Intelligence (Special Issue on Artifcial Intelligence, Wikipedia, and Semi - Structured Resources) 194 (Jan. 2013), 28 - 61.

[103] Erxleben, F., Günther, M., Krötzsch, M., et al. Introducing Wikidata to the Linked Data Web. In Proceedings of the 13th International Semantic Web Conference (Trentino, Italy, Oct. 19 - 23). Springer, Berlin, 2014.

[104] W Borst. Construction of Engineering Ontologies. PhD thesis, Institute for Telematica and Information Technology, University of Twente, Enschede, The Netherlands, 1997.

[105] Library Congress. MARC 21 Formats [EB/OL]. https://www.loc.gov/marc/marcdocz.html [2016 - 02 - 26].

[106] A P Calane. Hitting the Marc. DataBase Structure for library automatic,

2000, 1: 12 - 15.

[107] ILFA. FRBR (Functional Requirements for Bibliographic Records) [EB/OL]. http://www.ifla.org/publications/functional-requirements-for-bibliographic-records. [2015 - 06 - 20].

[108] IFLA. FRAD (Functional Requirements for Authority Data) [EB/OL]. http://www.ifla.org/publications/functional-requirements-for-authority-data. [2015 - 06 - 23].

[109] IFLA. Functional Requirements for Subject authority data (FRSAD)-a Concept Model [EB/OL]. http://www.ifla.org/files/assets/classification-and-indexing/functional-requirements-for-subject-authority-data/frsad-final-report.pdf, 2010 - 06.

[110] T Aalberg, M Zumer. The value of MARC data, or Challenges of Frbrisation. Journal of Document, 2013, 6: 851 - 872.

[111] LOD. Linked Open Data Cloud [EB/OL]. http://lod-cloud.net/versions/2014 - 08 - 30/lod-cloud.pdf.

[112] DBpedia. DBpedia - Towards a Public Data Infrastructure for a Large, Multilingual, Semantic Knowledge Graph [EB/OL]. http://wiki.dbpedia.org/ [2016 - 8 - 10].

[113] Andrejs Abele, John McCrae. Lod cloud Net [EB/OL]. http://lod-cloud.net/, Insight, 2017 - 2 - 20.

[114] T Hickey and J Young. Description of the VIAF (Virtual International Authority File) Dataset. Semantic Web Journal: Special Call for Linked Dataset Description, 2012 - 05 - 25, 6565 Kilgour Place, Dublin, Ohio (USA) 43017 - 3395.

[115] T Hickey. Moving to Wikidata [EB/OL]. http://outgoing.typepad.com/outgoing/0067/2015 - 05 - 26.

[116] VIAF. The Virtual international authority file [EB/OL]. http://www.oclc.org/research/project/VIAF [2015 - 08 - 23].

[117] IFLA. FRBR - Library Reference Model [EB/OL]. http://www.ifla.org/files/assets/cataloguing/frbr - lrm_20160225.pdf. [2016 - 10 - 9].

[118] Maximilian Klein, Alex Kyrios. VIAFbot and the Integration of Library Data on Wikipedia. [EB/OL]. http://journal.code4lib.org/articles/8964, [2015 - 10 - 14].

[119] Media wiki. wikidata query service [EB/OL][2016-6-8]. https://www.mediawiki.org/wiki/Wikibase/Indexing/SPARQL_Query_Examples.

[120] wikidata. wikidata search [EB/OL]. [2016-6-5]. https://www.wikidata.org.

[121] Serge Stratan.. wikidata taxonomy browerse [EB/OL]. [2016-6-3]. http://sergestratan.bitbucket.org.

[122] T L Griffiths, M Ateyvers. Finding Scientific Topics. Prcoceeding of the National Academy of Science, 2004, 101: 5228-5235.

[123] H Wallach. Topic Modeling: Beyond Bag-of-Words//Proceeding of the 23rd International Conference on Machine Learning. Pittsburgh, Pennsylvania, 2006.

[124] X Wang, A McCallum, X Wei. Topic N-grams: Phrase and Topic Discovery, with an Application to Information Retrival. Proceeding of the 7th IEEE International Conference on Data Mining (ICDM). Omaha, Nebraska, USA, 2007: 697-702.

[125] M Steyvers, P Smyth, M Rosen_Zvi et al. Probabilistic Author-Topic Models for Information Discovery//Proceeding of the 10th ACM SIGKDD International Conference Knowledge Discovery and Data Mining. Seattle, Washington, 2004.

[126] J Boydgraber, D Blei, X Zhu. A Topic Model for Word Sense Disambiguation. Proceeding of the 2007 Joint Conference on Empirical Methods in Natural Language Proceeding and Computational Natural Language Learning (EMNLP-CoNLL). Prague, Czech Republic, 2007: 1024-1033.

后　记

　　本书是我读博士期间参加贾君枝老师知识管理研究团队三年多集体讨论探究的成果。首先，我要对贾君枝老师及其团队表示真诚的感谢！本书的大部分内容是贾老师的国家社科基金重点项目"基于关联数据的中文名称规范档语义描述及数据聚合研究"（项目编号：15ATQ004）的研究成果之一，在此特向项目赞助单位表示真诚的感谢。

　　本书第3、4、5章的内容取材来自我和贾老师共同发表的三篇论文，从研究选题、研究方法，都得到贾老师无私的支持和指导，甚至论文的表述逻辑都经过贾老师的认真审查和修改。贾老师严谨认真的科研思想和工作方法都给我极大的精神鼓舞和支持。

　　2015年初，我加入了贾老师的信息组织课题团队，从虚拟国际规范档（VIAF）的名称匹配算法分析入手研究，在讨论班上进行主题讲解讨论。同时贾老师的研究生石燕青同学在中文名称规范档的外国人名称汉译规范和个人实体的术语到国际著名术语表映射方面发表了高质量研究成果论文，我借鉴石燕青同学的研究，在中文名称规范档查询下载格式为MARCXM的规范档记录5000多条，对记录内容分析研究，提出基于相同个人实体记录聚簇方法，并实际运行验证。其后还对虚拟国际规范档和维基百科数据的关联进行主题讨论。在贾老师研究生讨论班上，我听取薛秋红同学关于维基百科API程序的应用、Wikidata条目特征的研究和SPARQL下载Wikidata数据的方法的主题讲解。冯婕同学关于个人关系因果链推理方法等讲解讨论，都给本书写作过程提供了很多有益的启迪和帮助。在此一并感谢研究生讨论班上的同学，史璇、石燕青、薛秋红、冯婕、付晓梅等同学的发言，都给了我完成研究论文许多有益的启发和帮助。

　　我真诚地感谢博士导师曹利军、王晓林、李景峰对于我的学业研究上指导和帮助。尤其李景峰老师以他严谨科学的治学态度、无私热情的教育家的奉献精神给了我博士研究生涯重要的指导和支持，他的研究团队的同学王继光、蔚晓红、毋江波、王龙、石艳霞等和供应链研究团队老师李补喜、刘爱琴、王继光、李福等都给了很多帮助，一并表示感谢！在此，再次感谢并怀念李景峰老师！

后 记

我真诚地感谢学院管理科学与工程研究所的刘维奇老师、张信东老师、李常洪老师、范建平老师在我的博士学习期间给予我的帮助，感谢我同届的博士同学史金凤博士、赵明霞博士、宋鹏博士、范晔博士在读博期间给予我学习上的帮助和精神上的鼓励。我还要感谢经济与管理学院的裴成发老师、相丽玲老师、陈艺平老师给予我学业和研究上的帮助。

最后要感谢我的家人在我攻读博士和书稿撰写期间对于我生活上的关心和精神上的支持。是他们的无私奉献和理解支持，才使我有精力和信心历经枯燥和挫败，数年累月静下心、腾出时间完成博士学习研究和书稿的撰写。

另外值得庆幸的是在本书和博士学习研究的基础上，我申报的国家社科项目"中文学术领域知识命名实体知识图谱构建"获得批准立项（项目编号：18BTQ072），这首先要感谢经济与管理学院信息管理学科所有老师多年来的努力，为我提供了如此高水平的平台基础和团队支持，让我可以有机会为学科的发展添砖加瓦，使我们的学科平台更加完善。我将会在下一步更加系统规范地进行中文命名实体知识图谱的研究，尤其是关于机构类命名实体知识图谱构建应用。

最后，我还要特别感谢中国财政经济出版社的各位老师，尤其是感谢张庆杰老师对书稿认真负责的工作，以及对本书提出的非常有益的建议。